CHRISTOPH FASCHING

„ Quellcode des Lebens“

CHRISTOPH FASCHING

Quellcode des Lebens

Umprogrammierung der Urzelle

Arbeits- & Lehrbuch

Umschlaggestaltung: Iconic Werbeagentur GmbH, Wien

Titel-Graphik: Martin Stellenberger

Lektorat: Isabell Pillinger

Druck: CreateSpace (Amazon)

ISBN: 978-3-200-03376-4

www.botschafterdeslichts.com

Es geht nicht darum, was ein Mensch tut,
sondern es geht darum, was ein Mensch ist!

Christoph Fasching

Inhaltsverzeichnis

1. Einführung

Weshalb schreibe ich dieses Buch?

Liebe Leserin,
lieber Leser,

Mein Leben als Forscher am menschlichen Bewusstsein hat eine einzige Aufgabe und diese werde ich Ihnen in diesem Buch näher bringen. Es geht dabei um die Erforschung des kürzesten Weges, um alles was ist, in eine Form zu bringen, die das Leben von dieser Erfahrungsebene abhebt, damit wir alle zusammen in die Lage versetzt werden, diese Ebene hinter uns lassen zu können. Dazu braucht es eine ganze Menge an Informationen, die ich alle hier in diesem Buch zusammengefasst habe. Dieses Werk dient Ihnen ebenso wie es mir gedient hat und ich freue mich darauf, dass wir alle zusammen schon bald einen Weg finden, um diese Welt abschließen zu können und uns auf ein Leben in der Dimension der Liebe vorzubereiten.

Hier finden Sie den Beweis dafür, dass ein Mensch ein in sich geschlossenes System ist, das von außen nicht zugänglich ist, und nur von innen durch einen bewussten Eingriff des Betroffenen selbst verändert werden kann. Das, was hier geschrieben steht, zeigt Ihnen auf, wie Sie in Ihr eigenes Bewusstseinsfeld eingreifen und wie Sie selbst dafür sorgen können, dass Ihr Leben genau so verläuft, wie Sie es sich immer vorgesellt haben. Das, was Sie hier zu lesen bekommen, ändert absolut alles, was Sie bisher über die Ihr Leben bestimmenden Kräfte geglaubt haben. Es ändert Ihr Sein in dem Ausmaß, dass Sie kaum noch an das alte Sein zurückdenken wollen, so wundervoll wird Ihr Leben nach Abschluss dieser Seiten und der darin enthaltenen Angebote zur Veränderung sein.

Ein Leben auf Basis der alten Welt ist für die meisten Menschen nicht mehr von Interesse, zu vieles ist passiert und zu viel Leid haben alle Menschen erfahren. Es ist Zeit, dass dieser Prozess ein Ende nimmt und das Sein der Menschheit eine Wandlung erfährt, die dazu führt, dass diese Welt sehr viel mehr Liebe beinhaltet und sehr viel mehr Freude für alle zu bieten hat. Mein Sein wird bald diese Ebene verlassen können und das Ihre ebenso, es geht nur darum, alles zu tun, was notwendig ist, damit dieser Prozess auch einsetzen kann. Ich helfe Ihnen hiermit einen Weg zu finden, der Sie in die Ebene bringt, nach der Sie sich schon lange sehnen, in eine Welt, die für Menschen geschaffen ist, die ihr Leben in der Dichte der Materie abgeschlossen und sich in eine neue Form entwickelt haben. Diese Ebene existiert bereits und sie wartet auf alle Menschen, die bereit sind, sich selbst weiterzuentwickeln und aus Ihrem Leben das eines bewussten Schöpfers zu machen.

Dieser Prozess ist in diesem Buch abgebildet und es versetzt jeden, der sich an diese Abhandlung hält, in die Lage, aus seinem Leben ein ganz anderes zu machen, in dem er selbst bestimmt, was alles passiert und wann und wo gewisse Ereignisse eintreten können.

Die Erforschung des menschlichen Bewusstseins ist ein enorm spannendes Betätigungsfeld, denn so vieles ist bislang unentdeckt geblieben. Doch jetzt ist es mir eine Ehre, die Ergebnisse meiner Arbeit öffentlich zu machen. Es ist ein wundervoller Prozess gewesen, all das zu erfahren, wie das Leben wirklich funktioniert und wie ich im Stande bin, alles zu verändern, was in meinem Leben passiert oder nicht passiert. Ich selbst kann jetzt alles erschaffen, was sein soll und niemand hat die Macht, mich daran zu hindern, denn ich selbst bin Schöpfer meines Lebens. Dieser Prozess sollte nun auch Ihnen bekannt werden und ich lade Sie ein, sich intensiv darauf einzulassen, denn auch Sie werden damit zum Bewusstseinsforscher.

Viele Menschen glauben, dass sie mit ihren Gedanken und ihren daraus abgeleiteten Handlungen ihr gesamtes Leben unter Kontrolle halten und bestimmen können, wie es im Detail verläuft. Kommt es dennoch zu Ereignissen, die sie so nicht vorhergesehen haben oder es entwickelt sich ihr Leben völlig anders, als sie es sich vorgestellt haben, dann reihen sie diese Abweichungen in die Kategorien Zufall oder Schicksal ein. Wenn man sich unsere Welt genauer ansieht, dann scheint es, dass Zufall und Schicksal sehr viel Macht haben. Denn zu oft verläuft das Leben ganz anders, als die meisten glauben oder es sich wünschen. In Wirklichkeit bestimmen ganz andere

Faktoren, wie sich unser Leben entwickelt, was uns widerfährt, wo und wann sich Erfolge oder Misserfolge einstellen. Was in unserem Leben wirklich geschieht, bestimmen ganz andere Kräfte, unser Verstand alleine wäre mit der Erschaffung und Steuerung des Lebens völlig überfordert. Es gibt etwas, das aus dem Hintergrund agiert, viel beständiger und deutlich mächtiger als unsere Gedanken ist. Man nennt diesen Teil unser Bewusstsein.

Meine Forschungsarbeit konzentriert sich auf diesen so unbeschreiblich mächtigen Teil unseres Seins. Ich bin auf der Suche nach Möglichkeiten, wie wir auf unser Bewusstsein aktiv einwirken können, um zu den gewünschten Ergebnissen im täglichen Leben zu gelangen. Wissenschaftler untersuchen beispielsweise das Verhalten von Menschenaffen, die rein genetisch gesehen mit uns zu neunundneunzig Prozent identisch sind, um herauszufinden, welche Vorgänge in ihrem Gehirn ablaufen, die sie im Vergleich zu uns Menschen in vielen Situationen völlig anders agieren lassen. Schimpansen haben gelernt zu kooperieren, doch der Hintergrund ihrer Zusammenarbeit ist rein auf den Nutzen des Einzelnen ausgerichtet. Wir Menschen hingegen kooperieren oftmals selbstlos zum Wohle der Gemeinschaft. Zahlreiche andere Verhaltensmuster zeigen, dass die wahren Unterschiede demnach nicht in unseren Genen, sondern in unserem Bewusstsein zu finden sind. Genau hier beginnt meine Arbeit, die mich tief in die Abgründe unseres Seins eintauchen lässt.

Wenn Sie jetzt Ihre Aufmerksamkeit auf die Energie des Buches lenken, werden Sie wahrnehmen können, dass es sich hierbei um etwas Außergewöhnliches handelt, das Ihnen aller Wahrscheinlichkeit nach in dieser Form zuvor noch nicht begegnet ist! Sie halten ein Werkzeug in Händen, das Sie in die Lage versetzt, Ihr gesamtes Leben in kürzester Zeit zu verändern und alles zu heilen, was das Menschsein beinhaltet. Die Möglichkeiten gehen dabei weit über einen der Schwerpunkte des Buches, der Heilung von Krankheiten, hinaus.

Ich möchte Ihnen einen schnellen und einfachen Weg aufzeigen, wie der menschliche Organismus von Krankheiten dauerhaft befreit werden kann - ganz ohne Medikamente und operative Eingriffe. Sie werden schrittweise verstehen lernen, wie die Grundlagen dieser Technik anzuwenden sind und wie Sie bei unterschiedlichen Krankheitsbildern vorgehen. Es handelt sich um ein Werkzeug, das sich zur Selbstheilung hervorragend eignet und mit dem Sie auch anderen Menschen bei der Gesundung behilflich sein können, damit auch sie zu einer dauerhaften Heilung in allen Lebensbereichen finden können.

Es ist ein ewiger Prozess, in dem wir uns befinden, dieser führte und führt uns zu zahlreichen Erlebnissen, die uns mehr oder weniger gut gefallen. Das, was ich Ihnen hier aufzeige, ist der Weg zur Veränderung der Grundlagen und Umstände, die diese Erlebnisse hervorgerufen haben. Hier finden Sie den Weg, wie Sie alle Erlebnisse letztlich genau nachvollziehen können, warum sie eingetreten sind und wie Sie künftig dafür sorgen können, dass diese anders verlaufen und zwar so, wie Sie es bestimmen.

Dieses Wissen dient darüber hinaus der Entwicklung des Bewusstseins und stellt eine überaus wertvolle Grundlage dar, über die alle Menschen jeden Alters verfügen sollten. Hier finden Sie die Wege und Werkzeuge, um Kraft Ihrer Eigeninitiative und Ihrer Selbstverantwortung zum gewünschten Ergebnis zu kommen.

Dieses Buch verändert Ihr Bewusstsein, Ihr Selbstbild, Ihre Einstellung zum Leben und Ihren Blick auf unsere Welt. Sind Sie bereit für eine Veränderung?

Verwendung der optimalen Frequenz

Ein Leben besteht aus Schwingungen und es braucht verschiedene Frequenzen, um überhaupt existieren zu können. Diese Frequenzen bestimmen sehr vieles und je mehr die Grundfrequenz der Liebe nahegekommen ist, umso besser ist das Leben, das man führt. Jeder Mensch hat die Macht, Tag für Tag und in jeder einzelnen Situation selbst zu bestimmen, was für eine Frequenz er leben möchte.

Die optimale Frequenz ist die der Liebe, denn darin löst sich alles in Wohlgefallen auf. Je mehr ein Mensch in seinem Bewusstsein dieser Frequenz nahegekommen ist, umso mehr wird er in sich fühlen, dass es sich um etwas Neues und ganz Besonderes handelt. Ist ein Leben aus Liebe geschaffen, dann startet es bereits optimal, doch in dieser Ebene begegnen uns sehr oft viel tiefere Frequenzen und veranlassen uns, uns auf diese niedrigen Frequenzen einzulassen. Der Effekt ist, dass wir unsere optimale Frequenz verlassen und uns dadurch verwundbar machen. Ein Leben, das in Liebe geführt wird, die aus den Tiefen des Bewusstseins stammt, ist wundervoll, denn nichts kann diesem Leben etwas anhaben. Es ist wundervoll, weil es sich viel schöner anfühlt und sehr viel leichter lebbar ist, doch diesen Zustand im Bewusstsein muss man sich erst erarbeiten.

Daher ist die optimale Frequenz auch für den Prozess der Transformation so wichtig, denn durch die Transformationsarbeit wird die Schwingung erhöht. Ein Leben in Liebe ist das Ziel und jeder, der es schafft, Liebe im Innersten und im Außen zu sein, der wird sich in dieser Ebene nicht mehr länger aufhalten, denn seine Aufgabe ist damit erfüllt. Ein Leben mit der optimalen Frequenz kann sofort beendet werden, denn hier braucht es nichts mehr, als genau diesen Zustand zu erreichen. Hier können Sie nun erfahren, wie Sie diese Frequenz erreichen und wie Sie bewusst diese Frequenz, die sich in Ihrem Herzen befindet, einsetzen. Die Transformationsarbeit erfolgt im Herzen unter Zuhilfenahme der Frequenz, die sich im Herzen befindet. Dort ist die Liebe zuhause und dort können Sie alles transformieren, was in Ihnen noch nicht in der Liebe ist.

Diese Herzfrequenz aktiv zu nutzen ist einfach, doch bedarf es einiger Informationen, die dazu vonnöten sind. Wie genau Sie auf die Herzfrequenz wechseln und was Sie dort alles noch machen können, das erfahren Sie in meinem Buch „Programmcode: Lebenslust & Liebe". Dieses Buch ist für Sie gemacht und dient als Grundlage, damit Sie die Anwendungen in diesem neuen Buch noch besser verstehen können. Sie sollen dieses im Vorfeld lesen, oder Sie können dies auch später nachholen.

Das Leben und seine Grenzen

Indem wir Menschen hier auf dem Planeten Erde unser Zuhause gefunden haben, sind wir eine Menge an Kompromissen zu unserem eigentlichen Sein als göttliche Wesen eingegangen. Hier wurden alle Lebensgrundlagen so gestaltet, damit wir absolut alles erfahren können, weshalb wir uns überhaupt entschlossen haben, in die Verkörperung zu gehen. Um das Leben in allen nur erdenklichen Facetten erfahren und verstehen zu können, wollten wir einen Körper aus Fleisch und Blut, der mit feinsten Sensoren zur Wahrnehmung übersät ist. Ein höchst sensibles Instrument, das dafür geschaffen ist, bis ins letzte Detail absolut alles zu erfahren, was das Leben bereithält.

Indem das so gekommen ist, haben wir alles verkauft, was wir einmal hatten. Wir haben einen außerordentlich hohen Preis bezahlt, um zu bekommen, was wir angestrebt haben. Wir haben alles hergegeben, damit das Leben in seiner Gesamtheit erfahren werden kann. Die Gesamtheit bedeutet, dass es nicht nur schöne Erlebnisse gibt, sondern auch die anderen, die nicht so angenehm sind, um es vorsichtig auszudrücken. Der Preis ist so hoch, sodass die Liebe nun kaum noch einen Anteil an unserem Leben hat, denn die Liebe ist der Teil, den wir verkauft haben. Wir wollten es genau so haben, denn nur darüber ist es möglich, das zu erreichen, was wir uns als Ziel gesetzt haben.

Das Leben, das wir heute führen, ist auf jeden Fall ein erbärmliches, wenn man es daran misst, wie viel Liebe in unserem Leben vorhanden ist. Wenn die Liebe zurückkehren soll, und das ist ja das Ziel des Lebens, dann hat jeder Einzelne eine Menge dazu beizutragen. Wir haben gewählt, in diese Welt so lange immer wieder zurückzukehren, bis wir es aus eigener Kraft geschafft haben, die Liebe in uns zu finden. Wir haben für uns selbst bestimmt, dass wir Leben für Leben auf dieser Erde führen, bis wir dieses Ziel verwirklicht haben. Diese Welt beinhaltet nichts von all dem, was ein Mensch in seinem göttlichen Sein verkörpert, wenn er es entsprechend geschafft hat, in die Reiche der Liebe zurückzukehren. Indem wir dies so gewollt haben, ist es dazu gekommen, dass ganz viele Menschen ein Leben führen, das nicht einmal im Ansatz das kann, was ein Leben voller Liebe als Selbstverständnis beinhaltet. Wir sind eine Spezies, die darauf wartet, ihre Liebe im Inneren wieder zu finden. Im Außen werden wir sie nur finden, wenn sie zuvor in unser Innerstes zurückgekehrt ist.

Das neue Leben, das auf einen Menschen wartet, der zur Liebe zurückgefunden hat, ist ein famoses, denn es strotzt voller Möglichkeiten und es entspricht den Vorstellungen des Einzelnen und es wird dazu kommen, dass wir Möglichkeiten vorfinden, die unsere Vorstellungskraft bei weitem übertreffen, denn so viel mehr ist möglich, wenn die Liebe regiert. Das, was einen Menschen erwartet, wenn er die Lebe lebt, ist ein famoses Bad von Gefühlen, in dem er all das erfahren kann, was er sich schon immer erträumt hat. Ich möchte, dass alle Menschen genau das schaffen und es ist mir ein Herzensbedürfnis, dafür zu sorgen, dass so viele Menschen wie möglich genau das empfinden dürfen, was mir bereits zuteil geworden ist. Ich wünsche mir von Herzen, dass die Menschheit als Gesamtes genau das leben darf, was mir geschenkt wurde und welch wundervolle schöpferische Natur auf mich wartet, denn es ist der Raum des ewigen Seins, der in der Liebe liegt.

Ich möchte, dass die Menschen, die dieses Buch lesen, verstehen, dass ich nicht ein Träumer bin, der sich alles nur in seinen Phantasien ausgedacht hat, sondern ich möchte, dass dies ernsthafte Menschen lesen und anwenden lernen, was hier geschrieben steht. Ich wünsche mir, dass dieses Wissen um die Welt geht und alle Menschen davon Kenntnis erlangen, dass die Liebe der Inhalt des Lebens und alles andere völlig wertlos ist, wenn dieser entscheidende Teil des Lebens nicht vorhanden ist.

Dieses Buch ist ein Wegweiser und eine Art Gebrauchsanleitung, wie Sie zu Ihrer inneren Liebe zurückfinden und sich bereit machen können, um die Erfahrungsebene, auf der Sie sich derzeit noch befinden, hinter sich zu lassen.

Vorwort von Erzengel Michael

Es ist mir wichtig, dass alle Menschen erfahren, was auf dieser Ebene als Grundlage existiert. Die Menschheit verweilt hier in dieser Erfahrungsebene, um etwas zu erfahren, was sie bislang so noch nicht kannte. Sie ist hier, um das Leben aus einer Perspektive zu erkennen, die dazu dienen soll, dass alles erkennbar wird, was das Leben beinhalten kann, wenn man es sich selbst direkt am eigenen Leibe erfahren lässt. Ich möchte, dass ihr alle wisst, dass es sich hierbei um ein Experiment handelt, das niemals so etwas hervorgebracht hätte, wenn es nicht Grundlagen bekommen hätte, die dieses Experiment überhaupt erst möglich gemacht haben.

In dieser Welt herrschen Gesetze, die das Leben bestimmen. Diese Gesetze sind sehr einfach gehalten, denn sie lauten, dass alles möglich ist und nichts verweigert wird. Hier herrschen demnach Möglichkeiten, die das Leben auf seine wirkungsvollste Art auf alles wirken lässt, das sich dem Leben unterwirft. Das bedeutet, dass jeder Mensch, der auf der Erde geboren wurde, sich diesem Gesetz unterworfen hat und alle anderen Lebewesen ebenso. Hier darf jeder alles tun, was im Rahmen der Möglichkeiten des Lebens auf einem Planeten möglich ist. Jeder Planet überfällt jeden Einzelnen mit seinen Grundlagen. Hier sind es die Grundlagen, die von Mutter Erde festgeschrieben wurden.

Indem wir hier sind, um das Leben von außen zu begleiten, anerkennen auch wir die Möglichkeiten, die uns vorgegeben wurden und diese besagen, dass alles, was in unserer Macht steht mit dem Kollektiv der Menschheit in Einklang gebracht werden muss. Das bedeutet, dass wir hier sind, um euch zu unterstützen, jedoch nur in dem Maße, wir ihr es uns gestattet. Das bedeutet, dass wir zwar sehr gerne sehr viel mehr für euch tun würden, doch ihr habt uns limitiert. Ihr habt uns vorgegeben, was sein darf und was nicht. Indem ihr dies getan habt, habt ihr euch dafür entschieden, ein Leben zu führen, das alle Facetten beinhaltet, die man sich nur vorstellen kann.

Ihr habt nichts ausgelassen, was man in einem Leben erfahren kann. Indem dieses so geschehen ist, durften wir euch nun alleine in dieses Leben gehen lassen und nur zusehen und im kleinen Rahmen korrigierend einwirken, um euch auf den Weg zu bringen, den ihr euch selbst vorgegeben habt. Diese Zeit war für uns immer sehr schwierig, denn wir haben gesehen, was ihr alles erfahren habt, was ihr durchlitten habt, und was im Leben alles auf euch eingebrochen ist. Ihr habt alles erlebt, was man sich nur vorstellen kann, das einem Menschen Leid zufügt.

Indem ihr alles ausgelassen habt, das unsere Hilfestellung beinhaltet, wurdet ihr eines Tages so sehr auf euch alleine gestellt, dass ihr vergessen habt, was vorher noch war, bevor ihr in dieses Leben gegangen seid. Ihr habt alles vergessen, wer ihr seid und woher ihr kommt. Indem das alles so gekommen ist, wird es nun Zeit, euch wieder zurückfinden zu lassen. Wir sind aufgefordert, den göttlichen Plan zu verwirklichen, der alle Wesenheiten, die sich so weit von ihrer eigenen Quelle entfernt haben, wieder zurückzubringen.

Ihr seid aufgefordert, alles zu tun, damit euch allen dieser Weg gelingt. Indem diese Menschheit zurückzukehren beginnt, wird alles, was bisher geschehen ist, vergeben werden. Alles findet sein Ende durch die Liebe, die in der Vergebung beinhaltet ist. Alles erfährt Heilung, was nicht heil ist und alles darf vergessen werden, wenn es darum geht, die Liebe in den Vordergrund zu stellen.

Darüber hinaus wird euch allen eine große Ehre zuteil werden, denn in dem ihr alle den Weg zurück findet, werdet ihr eine große Ehre durch die neue Aufgabe erhalten, die ihr alle entsprechend auch mehr als verdient habt. Indem euch diese Ehre gegeben wird, wird alles, was ihr erfahren habt, in ein neues Leben münden, etwas, das ihr zusammen erschaffen werdet, um die Liebe in allem was ist deutlich zum Ausdruck zu bringen. Ihr werdet eure neue Welt erschaffen und eine Welt ehren, der es an Liebe niemals mehr fehlen wird.

Ich stehe hier mit meinem Namen für die Einheit der Welten. Ich möchte, dass ihr mich als denjenigen seht, der dafür die Verantwortung übernommen hat, dass alles wieder zusammenfindet, was jemals voneinander getrennt wurde. Das Leben auf der Erde ist so weit von seiner eigentlichen Quelle entfernt, dass es ganz besonderer Anstrengungen bedarf, um das zu erreichen, was das Ziel aller Ziele ist.

Ihr seid jedoch ebenso aufgefordert, das dazu beizutragen, was im Rahmen eurer Möglichkeiten steht und dies ist mehr als ihr erwartet hättet. Ihr seid aufgerufen, alles in eurer Macht stehende zu unternehmen, um die Trennung von eurer Quelle in euch wieder aufzuheben und die Einheit in euch wiederherzustellen. Ihr seid diejenigen, die das alles selbst vollbringen müssen, denn diese Arbeit kann euch nicht genommen werden. In diesem Sinne seid ihr angehalten, die Informationen in diesem Werk aufzunehmen, und in euch selbst anzuwenden, denn es bedarf aller Kraft, die ein Mensch aufbringen kann, um diesen Weg in sich selbst zu gehen. Ihr seid in der Lage dazu, doch müsst ihr es auch wirklich wollen.

Ich möchte euch allen darin Mut zusprechen, denn es ist wichtig, diesen Weg zu gehen. Ohne diesen Weg werdet ihr die Quelle nicht erreichen und euer Leben bleibt in diesen Ebenen gefangen. Ich möchte, dass das Leben auf der Erde endlich das wird, was es schon sehr lange sein sollte. Ich möchte, dass alle Menschen wieder miteinander vereint an einem gemeinsamen Ziel arbeiten und nicht jeder Einzelne nur um sein eigenes Wohl alleine bemüht ist. Ihr sollt zur Einheit aller Menschen zurückkehren, die zusammen die Macht des Schöpfers verkörpern.

In diesem Sinne ist es unser aller Anliegen, dass ihr erkennt, wie wichtig all das ist, was euch hier dargeboten wird, denn es ist der Schlüssel zu all dem, was jetzt wichtig ist. Mir ist wichtig, dass die Menschheit begreift, dass es keinen anderen Weg gibt, denn nur der einzig und alleinige Weg zurück zur Einheit von allem was in Liebe geboren wurde, ist der Weg, den ein Mensch gehen kann. Jeder andere Weg wird ihn von seinem eigentlichen Weg abbringen und ihn immer wieder in den Abgrund der Dunkelheit zurückwerfen.

Liebe Menschen, ich bin Erzengel Michael und dafür verantwortlich, dass ihr alles zur Verfügung habt, was die Menschheit braucht, um sich zu erinnern und den Weg zurückzugehen. Ihr habt es nun selbst in der Hand, das Wissen anzuwenden und euch dafür zu entscheiden, den Weg in die Einheit zur Erschaffung einer neuen Welt zu gehen oder selbst erneut in den Abgrund gestürzt zu werden. Ihr selbst habt es in der Hand, diese Welt zu verlassen und eine neue Welt zu begründen oder erneut in einer Welt dieser Art geboren zu werden.

2. Die Liebe als Basis

Denken vs. Sein

Das Leben des Einzelnen besteht einerseits aus einem Menschen, der viele Gedanken am Tag denkt und sich ausmalt, was er gerne in seinem Leben alles erfahren möchte. Das Leben ist jedoch anders aufgebaut, als die meisten Menschen erwarten. Indem ein Mensch glaubt, dass er mittels seiner Gedanken alles erschafft, was er für sein Leben haben möchte, ist er im Irrtum, denn sein Denken alleine bewirkt nur sehr wenig. Indem die Gedanken gedacht werden, wird zwar viel Energie für den Moment freigegeben, um etwas zu unterstützen, doch ist dieser Gedanke etwas Flüchtiges. Die Menschheit braucht daher etwas, das länger als geistige Arbeit wirkt.

Damit etwas ausreichend Energie bekommt, um durch uns erschaffen zu werden, braucht es zusätzlich zu den Gedanken eine entsprechend mächtige Unterstützung. Etwas, das nicht nur für den Moment Energie freigibt, sondern etwas, das kontinuierlich seine Wirkung entfaltet und permanent schöpferische Kräfte freilegt, die auf genau das fokussiert bleiben, was angestrebt wird. Wir leben in einer Ebene, in der die Entfaltung der schöpferischen Absicht Zeit braucht, um in der Materie erscheinen zu können. Für diesen Zeitraum, der je nach Schöpfungsabsicht unterschiedlich lange ist, braucht es daher dauerhaft wirksame Kräfte. Unsere Gedanken sind dafür nicht geeignet, weil wir nur wenige Augenblicke auf eine Sache fokussiert bleiben können. Zu sprunghaft ist unser Geist und zu flüchtig sind unsere Gedanken.

In der Wirtschaft funktioniert dies beispielsweise so: Ein Unternehmer gründet eine Firma, mit der er ein Ziel verfolgt. Seine geistigen Kräfte, auch wenn seine Vision noch so klar und deutlich ausgearbeitet wurde, reichen nicht aus, um zum gewünschten Ergebnis zu gelangen - er braucht tatkräftige Unterstützung. Der Unternehmer stellt somit Mitarbeiter an, die dafür bezahlt werden, seine Vision durch ihre tägliche Arbeit zu unterstützen und ihn seinem Ziel Tag für Tag ein Stück näher zu bringen. Alleine käme er aller Voraussicht nach erst sehr viel später oder möglicherweise gar nie an sein Ziel. Die schöpferischen Kräfte, die seine Vision unterstützen, sind somit seine Mitarbeiter. Je mehr diese auf die Vision ausgerichtet sind und immer wieder darauf fokussiert werden, umso schneller wird das Ziel erreichbar sein. Je mehr die Angestellten jedoch ihre eigenen Ziele verfolgen und den Job nur des Geldes wegen tun, umso weniger Energie bekommt die Vision des Unternehmers.

Im Leben des Einzelnen gibt es zahlreiche Ziele, doch die meisten Menschen halten daran nicht lange genug fest, um diese auch zu erreichen. Damit jedoch genügend Kräfte freiwerden, ist es wichtig, das Ziel - die Vision des Einzelnen - durch eine weitere Kraft zu unterstützen, die weit über seine Gedankenkraft hinausgeht. Das bedeutet, dass dieser in der Lage sein sollte, zu wissen, dass er nur dann alle Kräfte mobilisieren kann, wenn er sein Sein auf das ausrichtet, was er anstrebt. Er muss zu dem werden, was er anstrebt. Indem jemand sich auf das fokussiert, was sein Ziel ist und sein ganzes Sein darauf ausrichtet, bekommt sein Schöpfungsversuch sehr viel mehr Kraft.

Wenn Sie anstreben, ein liebevoller Mensch zu werden, dann müssen Sie die Überzeugung in sich tragen, dass Sie ein liebevoller Mensch sind. Der Gedanke und die Absicht alleine machen aus Ihnen noch keinen solchen Menschen, denn wie Sie wissen, ist der Gedanke flüchtig und schon im nächsten Augenblick könnte eine Situation eintreten, in der Sie sich ganz und gar nicht liebevoll verhalten. In Ihrem Bewusstsein muss die Überzeugung „Ich bin ein liebevoller Mensch" zutiefst verankert sein. Erst wenn dies der Fall ist, können Sie auch wirklich so einer werden. Ich spreche hier von einem Programm, das Sie selbst schreiben und in Ihrem Sein abspeichern können. Erst wenn Sie dies vollbracht haben, ist die entscheidende Kraft vorhanden, um aus Ihnen auch wirklich einen liebevollen Menschen zu machen. Ihre treuen Mitarbeiter befinden sich in Ihrem Bewusstsein und sie wirken voller Freude, völlig kostenlos und zuverlässig mit. In diesem Buch werden Sie lernen, diese zu aktivieren!

Dies ist eine simple Darstellung, um die Mechanismen zu verdeutlichen, die in uns wirken. Um wirklich die Liebe in Ihnen wiederzuentdecken und nach Außen zu tragen, bedarf es natürlich einiger zusätzlicher Maßnahmen, um die Kraft der Liebe aus Ihrem Sein freizusetzen. Liebevolle Gedanken sind gut, aber längst nicht genug! Liebevoll zu denken ist auf Dauer enorm anstrengend und kostet viel Energie. Liebe aus dem tiefsten Sein zu verkörpern ist spielerisch leicht, macht Freude und spendet jede Menge Lebensenergie. Der positive Nebeneffekt ist, dass gelebte Liebe genau diese im Außen anzieht und sich dadurch potenziert! Somit sind wir wieder bei unserem Thema angekommen, wie Sie die Liebe in sich selbst wiederfinden und aktivieren können, um in jeder einzelnen Sekunde und für jedermann erkennbar Liebe zu sein.

Der Aufbau des Lebens

Um die sehr deutlichen Worte und der darin enthaltenen Aufforderung von Erzengel Michael im vollen Umfang entsprechen und nachkommen zu können, ist es wichtig, die Grundlagen des Lebens genauer zu betrachten und in ihren wesentlichen Zügen zu verstehen.

Der erste und zugleich entscheidende Schritt in der Betrachtung unseres Seins auf der Erde ist der, anzuerkennen, dass das Leben sich nicht auf diese einzelne Inkarnation beschränkt, sondern eine Verkettung unzähliger Vorleben ist. Alle bisherigen Leben stehen mit diesem Leben in Verbindung – sie bilden die Grundlage dafür! Bevor wir in den Schöpfungsprozess detailliert einsteigen, werde ich auf die Hauptbestandteile des Lebens näher eingehen, um das grundlegende Verständnis dafür herzustellen.

Karma:

Eine karmische Vorbelastung mit sich zu tragen bedeutet, in früheren Leben Erlebnisse gehabt zu haben, die Unheil gebracht haben, welches nicht geheilt werden konnte. Wenn Karma auf einem Menschen lastet, ist dieses in seinem Leben sehr präsent. Das bedeutet, dass zumeist vergleichbare Ereignisse mit umgekehrten Vorzeichen passieren. Es geschehen ähnliche Ereignisse wie damals, jedoch sind die Rollen vertauscht. Der tiefere Sinn dabei ist, beide Seiten der Medaille zu erfahren, zuvor als Täter und jetzt als Opfer oder umgekehrt. Die Wege, das Karma auszudrücken und durch oftmals schmerzhafte Erfahrungen abzuarbeiten, sind jedoch vielfältig und zumeist auf den ersten Blick schwer zu erkennen. Mehrere Facetten des Karmas und ihre Auswirkungen auf unser tägliches Leben werden Sie im weiteren Verlauf noch kennenlernen und Sie werden feststellen, dass Sie mit weitaus mehr karmischen Themen konfrontiert sind, als Ihnen im Augenblick vorstellbar ist.

Um jedoch eine andere Ebene des Seins erreichen zu können, müssen alle karmischen Belastungen abgearbeitet bzw. geheilt sein. Wir befinden uns in einer Zeit, in der das Experiment auf dieser Erfahrungsebene seinem Ende zugeht. Daher leben derzeit so unglaublich viele Menschen auf der Erde und fast jeder leidet in irgendeiner Form unter seinen karmischen Belastungen, obwohl die meisten davon keine Kenntnis haben. Alle Seelen möchten sich von ihrem Karma befreien, dies erfolgt entweder durch Ausleben der gegenteiligen Wirkung oder durch bewusst initiierte aktive Heilarbeit. Sie können sich sicherlich gut vorstellen, welche die angenehmere und weitaus schnellere Form der Bereinigung ist.

Bewusstsein:

Ein Leben ohne Bewusstsein ist unmöglich. Das bedeutet nichts anderes, als dass alles was ist über ein Bewusstsein verfügt. Selbst jeder einzelne Kieselstein trägt das Bewusstsein in sich, ein Stein zu sein. Ein Mensch ist im Vergleich zu einem Stein ein ungleich komplexeres Wesen mit einem umfassenden und vielschichtigen Bewusstsein. Dieses entsteht jedoch nicht einfach nur so, es wird gebildet. Bewusstsein ist letztlich gespeicherte Information und um zu weiteren Informationen zu gelangen, bedarf es Situationen, in denen Erfahrungen gesammelt werden können. Und das führt uns bereits zum eigentlichen Sinn des Lebens und auch zu der Ursache, warum Karma überhaupt entstanden ist.

Das Leben ist eine Aneinanderreihung von Erlebnissen, um daraus so viel Erfahrung wie möglich zu sammeln. Doch um Erfahrungen zu sammeln, brauchen wir oftmals Mitwirkende, die gewisse Rollen übernehmen, damit die Erfahrung überhaupt erst möglich wird. Um das Leben, so wie wir es uns vorgenommen haben, in seiner vollen Ausprägung verstehen zu lernen, ist es unumgänglich auch die Schattenseiten am eigenen Leib zu verspüren. Um beispielsweise die Erfahrung zu machen, wie es sich anfühlt, missbraucht zu werden, braucht es zumindest eine zweite Person, die sich als sogenannter Täter zur Verfügung stellt. Und schon sind die Positionen bezogen, der eine missbraucht sein Opfer und schon gibt es eine karmische Belastung, sofern das Erlebte nicht von allen Mitwirkenden für sich selbst und alle anderen Beteiligten durch Vergebung geheilt wurde.

Das Bewusstsein ist die Grundlage für unsere Handlungen in der Zukunft und unser Bewusstsein leitet sich von unserer Grundprogrammierung und allen bisherigen Erlebnissen ab. Aus jeder einzelnen Situation, in die wir verwickelt sind oder sie als stiller Beobachter erleben, leiten wir Erkenntnisse ab und speichern diese in unserem Bewusstsein. Die Speicherung erfolgt in Form von Überzeugungen, die man auch Glaubensmuster oder Glaubenssätze nennen kann. Abhängig von der jeweiligen Situation, in der wir uns gerade befinden, werden unzählige Muster in unserem Bewusstsein angesprochen und unser Verstand bewertet die aktuelle Situation anhand der Bereiche des Bewusstseins, die auf das Erlebte reagieren. Unser Gehirn ist somit ein gigantischer Prozessor, der pausenlos damit beschäftigt ist, alle Eindrücke, die auf uns einwirken, zu analysieren, sie mit unseren bisherigen Erfahrungen abzugleichen und daraus eine passende Reaktion zu erzeugen.

Das bedeutet aber auch, dass unser Bewusstsein auf Ereignisse, für die wir keine oder nur ganz wenig Referenzerfahrung abgespeichert haben, keine Reaktion zeigt. Dies betrifft auch meine Arbeit mit Wesenheiten aus den geistigen Ebenen. Indem wir uns so weit von unserer göttlichen Quelle entfernt haben, erscheint vielen die Existenz von geistigen Ebenen als absurd. Das Bewusstsein dafür entwickelt sich erst, wenn man sich dafür öffnet und sich damit zu beschäftigen beginnt. Um das zu erreichen, braucht es allerdings einen Anstoß wie beispielsweise dieses Buch.

Das Bewusstsein kann man sich wie eine große Schablone vorstellen, in der sich zahlreiche verschiedene Figuren befinden. Jede Figur steht für etwas, das im Leben eine Bedeutung gehabt hat und alle Schablonen sind Überzeugungen, was richtig und wahr ist. Indem die eine Schablone in einer Situation angesprochen wird, ergibt sich daraus eine Überzeugung, die an das Gehirn gesendet wird. Dort findet eine Beurteilung des aktuellen Falls statt. In dieser

Beurteilung stellt das Gehirn fest, was jetzt genau zu tun ist, um entsprechend der inneren Überzeugungen zu handeln. Indem diese Beurteilung stattfindet, steht dem Menschen eine klare Entscheidung zur Verfügung, was er jetzt mit der Situation anfängt, wie er sich verhält. Indem dies so abläuft, bestätigt sich die Schablone wieder von selbst, denn sie wird in ihrer Gültigkeit gestärkt. Indem der Mensch über unvorstellbar viele solcher Schablonen verfügt, kann er sich für nahezu alle Situationen eine klare Reaktion zusammenstellen, die ihn wieder zur Bestätigung seines Seins führt. Das Leben besteht somit aus Automatismen, die es dem Gehirn erleichtern, auf die jeweiligen Situationen zu reagieren.

Die Seele:

Jeder Mensch wird von seiner Seele geführt und auf diejenigen Bereiche in seinem Leben hingewiesen, die für seinen aktuellen Entwicklungsprozess von Bedeutung sind. Durch Ihre Seelenführung wurden Sie auf diese Zeilen aufmerksam gemacht, jetzt liegt es an Ihnen, was Sie daraus für sich ableiten. Die Art und Weise, wie diese Führung passiert und wie diese vom Einzelnen wahrgenommen wird, ist sehr unterschiedlich. Je höher das Bewusstsein eines Menschen für die Existenz einer aus dem Hintergrund agierenden Kraft ist, umso deutlicher werden die zahlreichen Eingriffe ins tägliche Leben wahrnehmbar.

Der Seelenplan:

Die höchste Stufe, die ein Mensch erreichen kann, ist die aktive Zusammenarbeit mit seiner Seele zur Bewältigung aller für dieses Leben geplanten Herausforderungen, um sich letztlich für die nächsthöhere Erfahrungsebene bereitzumachen. Wie Erzengel Michael zuvor verdeutlicht hat, haben wir schon so ziemlich alles erlebt. Über tausende Inkarnationen haben wir in den unterschiedlichsten Lebensbereichen bereits mehr als genug Erfahrungen gemacht. Das Hauptaugenmerk dieses Lebens liegt somit nicht auf möglichst vielen zusätzlichen Erfahrungen, sondern auf der Bereinigung möglichst aller Altlasten. Uns muss klar sein, dass das Leben mit dem

Seelenplan beginnt und frühestens dann endet, wenn dieser erfüllt ist.

Die Seele drängt darauf, ihren Plan zu erfüllen, und sie hat zahlreiche Mittel und Wege um ihren irdischen Teil dazu zu bringen. Ob die Wege aus der Sicht des menschlichen Körpers/Egoanteils angenehm sind, hängt davon ab, ob sich dieser bereitwillig in eine Kooperation mit seiner Seele begibt, oder sich die Erlebnisse aufzwingen lässt. Dies geht so weit, dass die Seele nach zahlreichen erfolglosen Hinweisen ein Leben, indem die angestrebten Lernerfolge vom Ego vehement verhindert werden, als sinnlos erachtet, es vorzeitig abbricht und sich aus ihrem irdischen Gefäß zurückzieht.

Verträge:

Viele Leben wären in der Form gar nicht möglich, wenn sie nicht diverse Vereinbarungen mit anderen Seelen und/oder geistigen Begleitern wie z.B. Schutzengel als Grundlage hätten. Es gibt sehr viele verschiedene Vertragsformen. Die meisten beinhalten Schutzvereinbarungen, die dafür sorgen, dass bestimmte Erlebnisse für dieses Leben ausgeschlossen bleiben. Nachdem diese Ebene sehr unberechenbar ist, hat jedes Leben mindestens eine Vereinbarung, und diese besteht mit den Eltern.

Mein Leben und meine Arbeit steht unter dem Schutz zahlreicher Verträge, um mir die Freiheit zu gewähren, in Ruhe dieser Tätigkeit nachzugehen und meinen Seelenplan im vollen Umfang erfüllen zu können. Andere wiederum stehen in gewissen Bereichen unter meinem Schutz, damit sie sich entsprechend ihres Seelenplans verwirklichen können.

Jede Vereinbarung kann jedoch in beiderseitigem Einvernehmen aufgehoben werden! Jeder kann sich aus seinen Vereinbarungen lösen, sowie er der Meinung ist, dass diese nicht mehr vertretbar sind. Oftmals haben Vereinbarungen ihren Zweck bereits erfüllt, sie werden aber immer noch eingehalten, weil sie ja verbindlich geschlossen wurden. In diesem Falle könnten eine oder möglicherweise alle Vertragspartner darunter leiden. Durch das Lösen von

Vereinbarungen werden oft völlig neue Wege aufgetan. Alle werden frei und die gewonnene Freiheit eröffnet neue Möglichkeiten.

Vorbereitung für das nächste Leben:

Das neue Leben wird hier und jetzt in dieser so besonderen Zeit geboren, indem der Grundstein dafür gelegt wird. Je früher jemand sein Leben abgeschlossen hat bzw. seinen Seelenplan vollständig erfüllt hat, umso früher kann er mit der Planung für das nächste Leben beginnen. Nachdem das nächste Leben auf den Errungenschaften dieses Lebens aufbaut, ist es von allergrößter Wichtigkeit, so früh wie möglich aus den Erfordernissen des Seelenplans befreit zu sein und persönlich weiterzuwachsen. Das nächste Leben ist somit als Fortsetzung dieses Lebens zu betrachten, denn das Leben endet nie! Wir alle sind unsterbliche Seelen!

Das nächste Leben basiert auf dem Grundstein des Bewusstseins, das in diesem Leben erreicht werden konnte. Daher ist aktive Bewusstseinsarbeit so wichtig, um möglichst schnell in höhere Erfahrungsebenen aufsteigen zu können. Ein hoch entwickeltes Bewusstsein bedeutet, dass der Mensch sich seiner göttlichen Herkunft bewusst ist und er seinem göttlichen Anteil, seiner Seele, so viel Ausdruck wie möglich zugesteht. Je mehr sich die Seele durch diesen Menschen ausdrückt, umso mehr Liebe strahlt dieser aus und umso mehr Liebe strahlt gemäß der kosmischen Prinzipien auf ihn zurück. Das gesamte Leben ist somit von Liebe und Fülle in allen Bereichen geprägt. Ein von Liebe geprägtes Leben spiegelt sich in Form einer gelebten Lebensaufgabe wider, die auf das höchste Wohlergehen anderer ausgerichtet ist und niemanden davon ausschließt.

Der Aufstieg:

Je höher ein Mensch in seinem Bewusstsein entwickelt ist, umso eher strebt er danach, diese Erfahrungsebene verlassen zu können. Der Grund dafür liegt darin, dass seine Sehnsucht nach Wiedervereinigung mit der göttlichen Quelle unbeschreiblich groß geworden ist. Er sehnt sich nach der allumfassenden Liebe, die in den höheren Ebenen zur Selbstverständlichkeit gehört. Es handelt sich dabei nicht um Gedanken der Flucht, um sich von den Widrigkeiten unserer Welt und dem ständigen Überlebenskampf, wie es die meisten empfinden, davonzustehlen, sondern es geht um die Erfüllung eines Herzenswunsches, dem Ende der Getrenntheit und die Rückkehr zur Einheit.

Wie Erzengel Michael sagt, endet das Experiment auf der Erde und jeder hat es selbst in der Hand, ob er diese Ebene mit seinem lebendigen physischen Körper verlassen und in eine völlig neue, von Liebe geprägte Welt vordringen kann, oder erneut in einer Welt geboren wird, die von der Trennung und dem großen Vergessen gekennzeichnet ist. Wir sind Wesen mit einem freien Willen und können frei wählen, welchen Weg wir gehen möchten. Wir sind aber auch schöpferische Wesen und haben selbst die Macht in uns, zu bestimmen, wie dieses Leben weiter verläuft, um dann mit unserer Seele wiedervereint unsere Schöpfermacht dafür einzusetzen, eine völlig neue Welt zu erschaffen.

Der Weg zum Aufstieg erfordert Bereitwilligkeit, Selbstdisziplin und Durchhaltevermögen, aber es lohnt sich tausendfach. Um diesen Weg zu vereinfachen und massiv abzukürzen durfte ich das nun folgende Wissen empfangen und es erfüllt mich mit großer Freude, dieses an Sie weitergeben zu dürfen!

Das Leben verehren

Das Leben ist auf jeden Fall ehrenwert, denn es ist wundervoll, sofern man es als das ansehen kann. Ein Leben, das nicht ehrenwert ist, ist es nicht wert, gelebt zu werden, denn darin fehlt das Wichtigste. Ist ein Leben ehrenwert, dann besteht es nicht nur aus Liebe, sondern aus ganz vielen anderen Details, die sehr wichtig sind, damit das Leben den Weg einschlagen kann, den es braucht, um sich dorthin zu entwickeln wohin es sich entwickeln soll. Denn ein Leben ohne Entwicklung ist es nicht wert, gelebt zu werden, denn ohne Entwicklung macht man nur Rückschritte und daher ist es wichtig, dass jeder Mensch dieses Wissen in sich trägt, um aus seinem Leben ein ehrenwertes Leben zu machen.

Das Leben zu ehren alleine ist jedoch nicht genug, es besteht aus zahlreichen Details, die im Leben wichtige Prozesse auslösen, um überhaupt Entwicklung zu ermöglichen. Ist ein Mensch nicht auf Entwicklung programmiert, so kann er sein Leben nicht genießen und er wird immer nur auf Widerstand stoßen und auf Dinge hingewiesen, die in seinem Leben nicht auf Entwicklung gepolt sind. Hier an dieser Stelle möchte ich Ihnen klar und deutlich darlegen, dass das Leben nichts anderes ist als ein Programm, das seine Auswirkungen jederzeit sichtbar offenbart. Hier sehen Sie, dass Ihr Leben ebenso nur programmiert ist und sie selbst nicht im Detail wissen, woraus das Programm besteht, daher sind sie nur aus diesem Programm hervorgegangen. Sie sind nichts anders als ein Programm, das sich verselbständigt und sich darauf ausgerichtet hat, sich selbständig weiterzuentwickeln, ohne auf das Wissen zugreifen zu können, das in früheren Leben angesammelt wurde.

Hier auf der Erde ist ein Programm am Laufen, das jeder Mensch gleichermaßen zu erkennen hat. Hier gibt es nichts anders, als ein Programm, das alle Menschen in ihrer Grundlage steuert. Es ist hier angebracht worden, weil es das Ziel verfolgt, hier in der Trennung von allem Wissen, getrennte Erfahrungen zu machen. Ist man auf der Erde angekommen, unterliegt man erst einmal diesem Grundprogramm. Ist man hier, so wird man es anerkennen müssen, denn es ist im ersten Moment nicht ratsam, dieses Programm grundsätzlich zu verwehren, denn es würde dazu führen, dass das Leben nicht fortgesetzt werden kann. Hier ist das Leben darauf ausgerichtet, einmal den Punkt zu erreichen, an dem man das Programm zu hinterfragen beginnt, ohne es gleich verändern zu wollen. Hier geht es darum, diese Erkenntnis erst einmal zu machen, dass es sich hierbei um ein Programm handelt, das auch änderbar ist, wenn man es genauer hinterfragt und einen Weg findet, wie man sich daraus lösen kann.

Ein Programm kann alleine dadurch dass es erkannt wird, verändert werden. Denn alles hat eine Struktur und in diese Struktur kann man eingreifen. Ist eine Struktur erkannt, so wird sie einfach nur durch den bewussten geistigen Eingriff vollständig änderbar. Hier stehen wir nun vor der Erkenntnis, welche Struktur das Leben überhaupt hat. Diese zu entschlüsseln ist wohl die interessanteste Aufgabe, die ein Mensch je erfüllen kann. Wenn Sie an diesem Punkt angekommen sind, so können Sie erst im nächsten Schritt genau erkennen, was Sie eigentlich verändern müssen. Das, was die Struktur des Lebens verrät, ist, dass es eben eine Grundstruktur braucht, um überhaupt existieren zu können. Das bedeutet, die Grundstruktur ist unantastbar, weil es sonst in seiner Konsistenz sofort zerfallen würde. Ist die Konsistenz erkannt, kann man in einzelnen Teilbereichen darauf einwirken, um andere Ergebnisse zu ermöglichen, als die Programmierung vorhin noch vorgegeben hat. Dieser Eingriff ermöglicht allen Menschen, ihr Leben vollständig zu verändern, und sich auf etwas auszurichten, das über sich selbst weit hinausgeht.

Hier an diesem Punkt können Sie erfahren, was genau die Struktur des Seins ist. Hier erfahren Sie, was sie dazu gebracht hat, genau diesen Weg zu gehen, den Sie bisher gegangen sind. Sie werden erkennen, dass es ein Leichtes ist, diese Grundstruktur zu verändern. Hier in diesem Buch steht der Grundcode für das gesamte Leben auf der Erde. Indem Sie jetzt weiterlesen, wird sich Ihr Leben vollständig wandeln, weil Sie erkennen, woraus Sie bestehen und Sie werden erkennen, wie Sie alles verändern können, was in Ihrem Leben nicht so verläuft, wie Ihre Wünsche dies vorgeben.

In Ihrem Leben beherrscht ein Programm alles. Dieses Programm zählt zu den elementaren Programmierungen eines Menschen. Das Programm sieht vor, was im Leben ist und was nicht. Es ist das Programm der Grundstruktur aller Menschen. Hier ist die Lösung des Rätsels. In Ihrem Leben gibt es ein Programm, das sich Grundlage nennt. In dieser Grundlage ist alles enthalten, was ein Mensch ist. Ein Mensch besteht in erster Linie aus seinem Körper und in diesem sind die verschiedensten Bereiche seines Seins integriert. Das bedeutet, dass ganz viele Programme in seinem Körper abgelegt sind und diese können auch nach Belieben erweitert, ergänzt oder entfernt werden. Hier an dieser Stelle muss diese Information vorläufig genug sein, denn wir kommen später erneut darauf zurück.

Ein Leben zu verändern, ist etwas Großartiges, denn es ist der bewusste schöpferische Eingriff in sein eigenes Sein. Ein wahrer Schöpfer ist derjenige, der im Stande ist, sein ganzes Sein zu verändern und an seine Ziele anzupassen. Ist ein Mensch soweit gekommen, dass er sein ganzes Sein zu hinterfragen beginnt, ist er im Bereich angesiedelt, den man Schöpfergott nennt. Hier beginnt die Phase des aktiven Erschaffens, das bei sich selbst den Ausgang nimmt. Ein Schöpfergott ist jemand, der Leben erschafft und neues Leben an Orten ermöglicht, das zuvor undenkbar war, weil es Umstände gegeben hat, die es derzeit nicht zugelassen haben, dort Leben zu ermöglichen. Ein Schöpfergott ist etwas wahrlich Großes, denn er ist ein Gott, der weiß, was er tut.

Hier ist der Ansatzpunkt für das nächste Leben, das auf uns Menschen wartet. Hier genau an diesem Punkt erwartet uns unsere eigentliche Aufgabe als Schöpfergötter, denn wir alle haben das Potential des Schöpfers in uns, doch haben wir uns noch nicht damit auseinandergesetzt. Wir alle haben die Macht in uns diese Schöpfergott-Rolle vollständig auszufüllen, denn wer sonst sollte dies übernehmen, als dass wir selbst es tun. Denn wir sind hier die Schöpfergötter auf dieser Erde und wir haben alles, was ist, bisher auf ein andere Art und Weise erschaffen. Doch das sollte nun ein Ende finden, denn das Erschaffen beginnt soeben völlig neu.

Hier auf der Erde sind wir diejenigen, die sagen, was alles passieren kann und was nicht. Hier haben wir Menschen das Sagen, hier sind wir die bestimmende Kraft, was wir aus unserem Leben machen. Hier ist niemand sonst, der die Macht hat uns zu beeinflussen und die Kraft hat, unser Leben von außen so zu manipulieren, dass wir es nicht als schön empfinden. Hier hat niemand die Kontrolle über das Leben, außer wir selbst und nun sollten wir beginnen, diese Aufgabe wahrzunehmen. Doch der Umstand, dass wir ganz andere Möglichkeiten zur Verfügung haben, ist die eigentliche große Novellierung in unserem Sein. Hier wird nun etwas geboren, das man einen Schöpfergott nennt. Hier wird etwas geboren, das die Welt verändern kann.

Ist das Leben erst einmal an dem Punkt angekommen, so entsteht das Bewusstsein, dass der Schöpfergott ein Gott ist, der sich selbst erschaffen hat. Sie halten nicht nur die Umstände Ihres Lebens selbst in der Hand, sondern Sie erkennen, dass Sie sich selbst so programmiert haben und somit selbst dafür verantwortlich sind, dass Sie überhaupt sind. Sie haben sich letztlich selbst erschaffen.

Die Programmierung des Wesens Mensch

Ein Mensch ist nur ein Programm, das ihn auszeichnet. Je besser die Programmierung, umso intensiver ist das Erleben dessen, was programmiert wurde. Jedes Programm hat seine Aufgabe und je intensiver diese wahrgenommen werden möchte, umso präziser muss die Programmierung gestaltet sein. Bei genauerem Betrachten einer Programmierung, ist zu erkennen, dass es zahlreiche weitere Unterprogramme geben muss, die unterstützen, was das Hauptprogramm beabsichtigt. Ist die Hauptprogrammierung erst einmal erkannt, dann wird gerne das Programm an sich nicht mehr näher unter die Lupe genommen, weil man ja glaubt, dass hiermit alles gesagt und vorherbestimmt ist. Doch dem ist nicht so, denn ein Programm ist eben mehrschichtig und alle Schichten brauchen Unterstützung, damit sie in ihrer vollen Ausprägung gestaltet werden können.

Ein neues Programm, das in eine Urzelle eingebracht werden soll, ist zuerst auf seine Schichten zu untersuchen, aus denen es besteht. Ist eine Schicht dabei abgängig, um das Gesamtprogramm zu forcieren, so hat das gesamte Vorhaben einen schleichenden Fehler. Daher ist immer und überall mit Fehlinterpretationen des Programms zu rechnen. Hier auf der Erde ist das schleichende Fehlerprogramm überall vorhanden, denn hier ist nichts vollkommen und das mit Absicht, denn die Vervollkommnung des Menschen ist erst in einer höheren Ebene vorgesehen.

Ein Leben ohne Fehler ist nicht vollkommen, es ist nur fehlerfrei und das bedeutet, dass es nicht vollkommen werden kann, weil die Fehler nicht vorhanden sind. Ein Paradoxon, das sich jedoch einfach auflösen lässt, wenn man genauer hinsieht und erkennt, dass das Leben erst durch die Erfahrung vervollkommnet werden kann. Das ist der besondere Bestandteil des Mensch-Seins, denn die Vervollkommnung erfolgt erst über die unzähligen Erfahrungen, die daraus eine Art Weisheit ableiten lassen. Weisheit im Sinne von sehr erfahren und wissend, was kommt, wenn etwas Individuelles bevorsteht. Ein Leben ohne diese Fehler hätte gar keinen Sinn, denn es wäre nicht mehr interessant. Man wüsste genau, was passieren würde. Daher sind die Fehler in der Programmierung für den eigenen Lernprozess ganz besonders wichtig. Ein Leben kann sich erst durch die Erfahrung selbst vervollkommnen und erst dadurch kann es perfekt werden. Ein perfektes Leben ist ein Leben, das in dieser Ebene nicht weiter Bestand haben wird, weil es eben für eine höhere Ebene bestimmt ist.

Ein Leben, das diese Ebene gemeistert hat, beginnt sich weiterzuentwickeln. Es versucht, diese Ebene vollständig hinter sich zu lassen, damit die Erfahrungen auf einer Ebene fortgeführt werden können, die sehr viel aufregender ist. Der Sinn des Seins in Form eines Menschen ist, möglichst viel Neues zu erfahren, Neues zu entdecken, etwas zu entwickeln, etwas zu erschaffen, das so noch nicht dagewesen ist. Etwas Neues, das der Erde und dem Weg in die höheren Ebenen bislang noch nicht begegnet ist.

Ein Leben, das sich auf diesen Pfad begibt, hat an das alte Leben, das hier auf der Ebene der Erde derzeit gelebt wird, keine Anknüpfungspunkte mehr. Hier gibt es nichts mehr zu erfahren, was wirklich noch von Wert wäre, denn alles wurde bereits erfahren und daher ist es auch Zeit, dass diese Ebene ein Ende finden kann. Hier ist das Leben schon zu lange gefangen und es darf sich nun befreien.

Das Leben wird neu programmiert

Das Leben ist einfach, denn es ist nur ein Programm. Das neue Leben, das ein Mensch später in einer höheren Ebene führen wird, ist wiederum nur ein Programm, denn alles, was in Form von Fleisch und Blut erlebt wird, ist Programm. Hier in diesem Buch ist das gesamte Programm eines Menschen abrufbar, alles, was ihn dazu bringt, ein Mensch zu sein und alles, was man verändern kann, um ihn aus dieser Art von Programmierung als dreidimensionales Wesen herauslösen zu können. Hier ist alles aufgelistet, was entscheidend ist, um aus dem Leben ein höheres Leben zu machen. Ist das Programm erst einmal erkannt, so ist der Mensch bereit, für ein Leben in einer höheren Ebene. Das Programm an sich ist nicht unbedingt zu verändern, lediglich die Erkenntnis ist der Schlüssel dazu. Ist ein Mensch an den Punkt gelangt, wo er sich dafür zu interessieren beginnt, hat sein Leben in dieser Ebene bereits sein Ende eingeleitet. Ist ein Mensch bereit, das, was hier geschrieben steht, auch für sich anzuwenden, ist er in Kürze soweit, diese Ebene vollständig hinter sich zu lassen.

Ein Leben auf der Erde kann jetzt einen Wandel vollziehen, der sehr bald seine Zeichen zeigen wird und bald ist das Leben bereit, den Wechsel der Dimensionen vorzunehmen. Die Voraussetzung ist jedoch in dieser Struktur zu finden. Je genauer jemand darin arbeitet, umso schneller hat er den Dreh raus, sich sein Leben ganz leicht zu gestalten und alles, was auf ihn zukommt, meistern zu können. Hier ist der Schlüssel dazu, das gesamte Leben zu steuern, ohne sich zu sehr anstrengen zu müssen. Alles geht leicht und einfach über die Bühne, denn das Leben muss keinesfalls kompliziert sein. Alles, was einfach ist, ist im Sinne der Göttlichkeit. Ist der Mensch in sich geschlossen bereit, das ganze Leben auf eine höhere Ebene zu stellen, wird er sich hier die Schlüssel besorgen, die er braucht, um genau das zu erreichen. Ist er dies nicht, so wird er dies ablehnen und von sich weisen, und als Unfug abtun.

Hier in diesem Buch steht alles, was ein Mensch wissen muss, damit er den Weg in die höheren Ebenen antreten kann. Hier gibt es nichts, was ausgelassen wurde, denn darin enthalten sind die Schlüssel für das Leben in der Ebene der fünften Dimension.

3. Die Programmierung der Urzelle

Das Leben beginnt

Damit es uns möglich ist, unser ganzes Sein und die Zusammenhänge des Lebens zu verstehen, ist es wesentlich zu erkennen, wie das Leben überhaupt entsteht. Dabei geht es nicht um die physiologischen Abläufe während ein Kind gezeugt wird, sondern um die unzähligen im Hintergrund ablaufenden Prozesse. In der nun folgenden Darstellung möchte ich Ihnen aufzeigen, wie das Leben entsteht und aus welchen Komponenten es sich zusammensetzt.

Sie werden dadurch eine völlig andere Vorstellung und eine deutlich veränderte Wertschätzung für den Sexualakt erhalten, der ja als Voraussetzung gilt, um ein Kind zu zeugen. Sie werden erkennen, dass der Moment der Zeugung der entscheidendste Moment für das in Entstehung befindliche Leben ist. Der Begriff „Hochachtung vor der Schöpfung" erhält durch diese Erkenntnisse eine völlig neue Bedeutung, denn absolut alles, was einen Menschen und sein bevorstehendes Leben ausmacht, ist bereits vor der Zeugung festgelegt.

Grundlagen des Körpers:

Bei der Befruchtung der Eizelle erfolgt gemäß dem kosmischen Prinzip der „Geschlechtlichkeit" die physische Vereinigung des Weiblichen mit dem Männlichen, die Grundlage aller Schöpfung. In diesem Moment ist der Körper des neuen Menschen bereits festgelegt. Die Eizelle wird mit der uns bekannten DNA informiert. Darüber hinaus werden sämtliche Details des Körperbaus in die Urzelle eingebracht.

Darin sind alle Informationen enthalten, wie sich die Zelle immer wieder teilen wird, bis aus dem Embryo ein selbständig lebensfähiger Körper entsteht und das Baby weit genug entwickelt ist, um aus dem Mutterleib entlassen zu werden. Es sind alle Entwicklungsschritte definiert, wie sich der Körper weiterentwickelt, wie das Kind zum Erwachsenen heranwächst und auch wie sich der Körper im Laufe des Lebens verändert. Selbst die Form, wie er wieder verfällt ist hier bereits festgelegt. Auch für den Verfall sind die kosmischen Prinzipien verantwortlich, die den göttlichen Plan, die ständige Evolution, durch den immerwährenden Kreislauf aus Entstehen und Vergehen verwirklicht.

Alles ist von Anfang an geplant, nichts ist dem Zufall überlassen! Über den Körper erfahren wir das Leben, wir identifizieren uns mit unserem Körper und glauben, dass wir unser Körper sind. Dementsprechend ist es auch wichtig, dass wir körperliche Erfahrungen im Laufe der Jahre machen und alles, was wir erfahren sollen, ist bereits bei der Zeugung festgelegt. Es geht dabei um Gebrechen, Krankheiten bzw. alle anderen vorstellbaren Erfahrungen, die wir über den Körper machen sollen.

Die körperlichen Erfahrungen, die bereits von Anbeginn festgelegt sind, werden wir auf jeden Fall machen, darüber hinaus liegt es natürlich in unserer schöpferischen Macht, wie wir unser Leben führen, wie wir mit unserem Körper umgehen und welche Folgen unser Verhalten für diesen haben wird. Unser Körper ist das „Gefäß“ für die Erfahrungen in diesem Leben und je pfleglicher wir unseren „Raumanzug“ für die Zeitspanne im Raum-Zeit-Gefüge der Erde behandeln, umso erfreulicher wird das Leben verlaufen.

Unerledigtes aus früheren Inkarnationen:

Das Karma spielt bereits beim Körperbau eine bedeutende Rolle. Ein menschlicher Körper wird so gebaut, dass er das erfahren bzw. erledigen kann, was noch aus früheren Leben anhängig ist. Es werden alle Voraussetzungen geschaffen, damit das Karma abgebaut werden kann. Geschlecht, Hautfarbe, Größe, Knochenbau, Attraktivität, Fehlkonstruktionen, Behinderungen, Zahnstellung und vieles mehr sind so angelegt, dass Altes aus früheren Leben darüber abgearbeitet werden kann. Kurzum kann gesagt werden, dass alles, was uns an unserem Körper nicht gefällt, da und dort Schwierigkeiten oder gar Schmerzen bereitet, mit hoher Wahrscheinlichkeit seinen Ursprung in einem früheren Leben hat. Somit gilt es, allen physischen Erscheinungen größte

Aufmerksamkeit zu widmen, wenn Sie möglichst alles Alte aus vergangenen Zeiten erledigen möchten.

Verlauf des Lebens:

Für den Verlauf jedes Menschenlebens gibt es einen Plan. Dieser wird gerne Lebens- oder Seelenplan genannt und beinhaltet alles, was die menschliche Entwicklung anbelangt. Der Seelenplan, der wie der Name schon sagt von der Seele verwaltet wird, will etwas erreichen - er sieht vor, durch die Erfahrungen dieses Lebens eine höhere Form des Seins zu erreichen. Die Wege zum Ziel sind vielfältig und individuell. Nachdem unser Leben aus mehreren Bereichen besteht, sind für eben all diese Bereiche bestimmte Erfahrungen vorgesehen. Die Seele versucht auf unterschiedlichsten Wegen, diesen Plan auch umzusetzen. Letztlich sind jedoch alle Bemühungen auf ein einziges Ziel ausgerichtet: Jeder Mensch darauf angesprochen, was er ist, sollte aus tiefstem Herzen und mit vollster Überzeugung antworten:

„Ich bin die menschliche Verkörperung des göttlichen Seins!"

Diesen Glaubenssatz sollte jeder Mensch in Verbindung mit der allumfassenden göttlichen Liebe in seinem Bewusstseinsfeld tragen. Es geht aber nicht nur darum, dass dieser Satz im Bewusstsein verankert ist, sondern dass alles beseitigt wird, das dem im Wege steht, dieses göttliche Sein in jeder einzelnen Sekunde auch zum Ausdruck zu bringen - seine Göttlichkeit zu leben!

Seelenbewusstsein:

Das Seelenbewusstsein ist der Teil, den die Wesenheit bereits durch ihre vielen Vorleben angesammelt hat. Daraus entwickelt sich im Laufe der Zeit eine große Form des Bewusstseins, denn es sind viele Leben gewesen, die bislang schon von jedem von uns Menschen absolviert wurden. Jede Seele ist eine große alte Seele, denn sie hat viel Erfahrung und sie hat viel erlebt. Dadurch, dass diese alte Seele den Weg in das Leben erneut wählt, bezweckt sie ja etwas zu erreichen, nämlich ihrer Vervollkommnung und dem Ausdruck ihres göttlichen Seins noch näher zu kommen. Sie muss jedoch auch akzeptieren, dass ein Mensch sich sein eigenes Bewusstsein zurechtlegt und das Ego ihn dominiert.

Die Seelen, die hier sind, möchten ihre Meisterschaft erlangen, sie möchten diese Ebene vollständig meistern und sie möchten den Weg aus dieser Erfahrungsebene finden. Sie möchten alles abschließen, das sie mit dieser Ebene noch in Verbindung bringt, damit sie diese endgültig verlassen und die nächsthöhere Erfahrungsebene erreichen können. Das ist das einzige Ziel, das hier auf der Erde noch angestrebt wird. Hier gibt es sonst nichts mehr zu tun. Alle Erfahrungen, die hier zu machen sind, wurden bereits gemacht. Darüber hinaus gibt es für eine Seele nichts anderes mehr, außer sie stellt sich in den Dienst der anderen, dann ist sie hier als Diener inkarniert.

Das Leben auf der Erde hat letztlich nur einen einzigen Zielpunkt - die Meisterschaft für sich selbst oder für andere zu erreichen. Niemand sonst hat ein anderes Ziel hier auf Erden. Hier werden nur noch Menschen geboren, die das alles bereits hinter sich haben. Es kommen nur noch Meisterseelen zur Welt, die das Ziel des Dienens in sich tragen. Alle anderen sind hier schon seit längerer Zeit nicht mehr zugelassen! Ein Leben auf der Erde dient immer jemandem. Indem das Dienen immer im Vordergrund steht, ist hier die Liebe der göttlichen Einheit automatisch mit von der Partie. Indem die Menschheit verstehen lernt, dass es hier nur um eine einzige Sache geht, wird sie erkennen können, dass das Leben letztlich einen einigen Zweck erfüllt, und dieser ist die Liebe in sich zu erwecken.

Das Leben dient der Göttlichkeit als Gesamtes, denn nur die Gesamtheit der Schöpfung ist hier vertreten. Es geht nicht um eine einzelne Seele sondern um die Gesamtheit der göttlichen Seelenfamilie. Alle, die hier sind, sind ein Teil der großen Familie und niemand wird jemals eine einzelne Seele aufgeben oder ihr den Weg verwehren, wenn sie den Weg auch wirklich gehen will.

Das Leben auf der Erde ist so ausgelegt, dass jeder an sich selbst zu arbeiten hat und niemand davon ausgeschlossen bleibt. Indem diese Grundausrichtung existiert, ist es als Fakt anzusehen, dass ein hier inkarnierter Mensch niemals auskommen wird, an sich zu arbeiten. Niemand wird verschont von einem permanenten Wachstum, jeder ist involviert in den göttlichen Plan der ständigen Evolution. Hier ist nichts dem Zufall überlassen, aber doch vieles dem freien Willen.

Diejenigen, die heute hier sind, um den Dienst an allen anderen Seelen zu verrichten, sind jetzt hier und heute aufgerufen, an sich selbst ganz besonders zu arbeiten, denn sie sind die Pioniere, die in dieser Welt vorausgehen. Indem dies geschieht, werden ganz viele andere Menschen in einen Sog von interessanten Entwicklungen gezogen, die ihnen als Beispiel dienen. Pioniere sind wichtig, denn sie helfen, den Sog in Richtung Ziel aufrechtzuerhalten. Zur Erinnerung die Worte meiner Seele an alle Leser:

Ihr alle seid hier, um genau das zu vollbringen. Ihr alle seid hier, um den Menschen zu dienen und den Menschen zu zeigen, wohin es geht. Ihr alle habt Euch den Auftrag in Euer Lebensbuch geschrieben und Ihr alle wollt nichts anderes tun, als der Menschheit zu dienen. Ihr habt es vergessen, doch jetzt seid Ihr wieder daran erinnert und Ihr werdet es jetzt in eurem Innersten wahrnehmen können, dass diese Aussage genau jetzt richtig ist.

Ein Leben auf der Erde hat immer mit dem Erfüllen von Aufgaben zu tun. Jeder ist angefordert worden, um etwas zu vollbringen. Niemand ist einfach nur so hier, weil es ihm Freude bereitet. Indem dies so ist, wurde vielen Menschen, die heute hier sind, um zu dienen, eine weitere Aufgabe mitgegeben. Sie tragen freiwillig eine Last, die andere hinterlassen, aber keine Möglichkeit mehr haben, diese hier aufzulösen. Indem diese Altlasten hier noch von Meisterseelen mitgetragen werden, haben sich diese verstärkt darauf zu konzentrieren, diese Lasten schnellstmöglich zu erlösen, um ihrer eigentlichen Aufgabe nachgehen zu können. Dieser

Ballast wiegt oft schwerer, als wir erwartet haben! Daher folgen im weiteren auch die Transformationswerkzeuge, um diese schnellstmöglich loswerden zu können!

Elternbewusstsein:

Das Bewusstsein der Eltern fließt zusätzlich zum Seelenbewusstsein in die Urzelle ein und dieses Elternbewusstsein bestimmt den Verlauf der ersten Phase des Lebens. Wie lange dies der Fall ist, ist sehr individuell und kann pauschal nicht eingegrenzt werden. Damit das Seelenbewusstsein voll und ganz zum Ausdruck kommen kann und die wahre große alte Seele sich zeigt, muss das Kind das Elternbewusstsein transformieren, sich herausentwickeln und alle Lasten, die es mitbekommen hat, abarbeiten. Angesichts der oft sehr niedrigen Ausgangsbasis ein schwieriges Unterfangen und es kann oftmals Jahrzehnte dauern oder möglicherweise gar nicht gelingen.

Angesichts des großen übergeordneten Ziels der ständigen Evolution der Menschheit kann nur ein sehr bewusstes Paar einen wertvollen Beitrag zur Erschaffung einer neuen Generation Mensch leisten. Durch aktive Bewusstseinsentwicklungs- und Transformationsarbeit im Vorfeld der Zeugung eines Kindes kann dieses unbelastet inkarnieren und sein Seelenbewusstsein vollständig zum Ausdruck bringen. Ein Paar, das sich seiner Göttlichkeit und seiner Schöpfermacht vollends bewusst und frei von karmischen Lasten ist, gibt ein großartiges Geschenk an seine Kinder weiter. Diese können darauf aufbauend ihre Entwicklung zur menschlichen Verkörperung des göttlichen Seins vorantreiben und wiederum ihre gelebte Göttlichkeit an ihre Kinder übertragen. Was daraus alles in nur wenigen Generationen entstehen kann, übersteigt unsere derzeitige Vorstellungskraft.

Wie Sie erkennen können, ist es von allergrößter Wichtigkeit, dass dieses Wissen bereits in den Kindergärten und Schulen aber auch jungen Erwachsenen, die mitten in ihrer

Familienplanung stehen, gelehrt wird, denn nur so kann diese Welt eine andere werden!

Begabungen / besondere Fähigkeiten

Begabungen und besondere Fähigkeiten sind die Teile eines Menschen, die ihn auszeichnen. Indem ein Mensch über diese Fähigkeiten verfügt, ist er im Stande, ganz bestimmte Aufgaben, die er sich für dieses Leben ausgewählt hat, zu erfüllen. Diese Fähigkeiten dienen ihm dazu, das zu erreichen, weshalb er hierhergekommen ist. Unsere Welt wird immer schneller und komplexer und es fällt vielen immer schwerer mit der rasanten Entwicklung Schritt zu halten. Die Anforderungen, die das tägliche Leben an uns stellt, verändern sich in sehr kurzer Zeit in großem Ausmaß. Hat man einmal den Anschluss verloren, wird es mehr als schwierig, verlorenes Terrain wiedergutzumachen.

Um dem ständigen Wandel mitmachen zu können, sind oftmals neue Fähigkeiten und Fertigkeiten gefordert, die in unserem System jedoch nicht vorhanden oder nur unzureichend ausgeprägt sind. Kinder lernen nicht nur schneller als Erwachsene, sie bringen auch gleich die richtige Grundprogrammierung mit, die es ihnen erleichtert, den aktuellen Anforderungen gerecht zu werden. Kinder werden jedoch auch einmal erwachsen und der Wandel schreitet laufend voran und sie laufen irgendwann ebenso wie alle Erwachsenen Gefahr, den Anschluss zu verlieren.

Die Gute Nachricht ist, dass wir auf unsere Urzellprogrammierung aktiv Einfluss nehmen können, um gewisse Bereiche stärker auszuprägen oder neue Fertigkeiten einzubringen. Wie genau Sie dabei vorgehen, erfahren Sie im weiteren Verlauf.

Charakterzüge

Hier sind die Besonderheiten gefordert, die ein Mensch aus rein menschlicher Sicht hat. Dabei geht es um die Form der Interaktion mit anderen Lebewesen. So wie ein Mensch mit seinen Mitmenschen umgeht, so wird man ihn bezeichnen.

Charaktereigenschaften sind sehr spezifisch und jeder Mensch hat seine ganz individuelle Form und Ausprägung seiner menschlichen Züge. Hier kommt die Besonderheit des Lebens, ihre Individualität besonders stark zum Ausdruck.

Ein Mensch, der in seinem Leben wenig Interesse am Umgang mit anderen Menschen hat, wird als introvertiert bezeichnet. Wer diesen Charakterzug entsprechend ausgeprägt in sich trägt, wird sich wenig in der Öffentlichkeit zeigen und alles, was das Leben betrifft, eher mit sich selbst ausmachen. Indem dies geschieht, werden alle anderen Menschen, die das beobachten, auf ihn entsprechend reagieren und sich ihm gegenüber so verhalten, wie es eben seiner Grundprägung entspricht. Je mehr ein Mensch auf sich selbst konzentriert ist, umso weniger wird er auch wahrgenommen. Je mehr ein Mensch jedoch auf andere zugeht, umso eher ist er auch in der Gesellschaft aktiv und wird sich in Bereiche einbringen, in denen er für andere wirksam sein kann.

Die Grundprogrammierung der Urzelle bestimmt, wie das Leben verläuft. Auf diese Programme aktiv Einfluss zu nehmen, ist erfreulicherweise ebenso möglich. Wir können somit unsere Wesenszüge selbst bestimmen und unseren Zielen und den wechselnden Anforderungen unseres Lebens entsprechend anpassen.

Lebensenergie

Die Menge an Lebensenergie, die in die Urzelle eingebracht wird, bestimmt die Aktivität im Leben. Diese Kraft ist nicht unendlich, denn es steht nur ein begrenztes Kontingent für die geplante Lebensspanne zur Verfügung. In jeder Nacht, wenn wir schlafen, wird ein Teil des Kontingents abgerufen. Wir tanken förmlich neue Kraft und dies tun wir so lange, bis wir das Kontingent vollständig aufgebraucht haben, dann endet das physische Leben und der Körper verfällt.

Wie lange ein Leben währt, hängt ganz davon ab, wie wir mit unserer Lebensenergie umgehen, wofür wir sie einsetzen und in welchen Bereichen wir Aktivität zeigen. Im Seelenplan ist eine Mindestlebenszeit definiert, so lange dauert dieses Leben unter allen Umständen. In dieser Minimumzeit werden alle wesentlichen Erfahrungen gemacht, die entsprechend vorgesehen sind. Es ist ebenso eine maximale Lebensdauer definiert, wobei das Maximum weit über unsere Vorstellungskraft hinausgeht. Von der Grundlage her könnten wir sehr viel länger leben, als wir dies derzeit realisieren. Obwohl es nicht vorgesehen ist, dass ein physisches Leben ewig währt, ist ein Vielfaches der heute durchschnittlichen Lebenserwartung ohne weiteres möglich, wenn wir mit unserer Energie entsprechend richtig umgehen und haushalten würden.

Die Lebensenergie bestimmt, wie sehr ein Mensch in diesem Leben vorwärts kommen kann. Es ist wichtig zu verstehen, dass die Energie des Lebens überwiegend dafür eingesetzt werden soll, um in seinem persönlichen Wachstumsprozess größtmögliche Fortschritte zu machen. Je gezielter sie eingesetzt wird und je weniger verschwendet wird, umso wertvoller ist das gelebte Leben. Diese Energie ist so kostbar, denn sie bestimmt den Verlauf der weiteren Ereignisse, wenn sie nicht ausführlich dafür genutzt wird, wofür sie gedacht ist. Die Energie dient dem Menschen, um sich dafür zu öffnen, was sein eigentlicher Auftrag ist. Wird sie nicht dafür verwendet, dann wird dieser durch die Seele daran erinnert werden, dass es nichts Wichtigeres gibt, als genau das zu vollbringen. Indem der Mensch sich auf das konzentriert, worum es in Wahrheit geht, erfüllt er vollständig die Wünsche der Seele und kann sich im weitern Verlauf diese Lebens voll und ganz auf seine eigenen Interessen konzentrieren.

Das Problem an der Verschwendung der Lebensenergie ist, dass das Leben dadurch nur sehr kurz dauert, denn selbst wenn jemand an die hundert Jahre alt wird, hat er im Verhältnis zu unseren Möglichkeiten nur kurz gelebt! Die Schwierigkeit ist, dass bei jeder neuen Inkarnation wieder alles vergessen wird, was man sich bereits im Leben zuvor erarbeitet hat. Nahezu alles muss wieder neu erlernt werden, lediglich das Bewusstsein bleibt erhalten, obwohl es wiederum durch das der Eltern, zumindest in der ersten Phase des neuen

Lebens, im Hintergrund gehalten wird. Gelingt es uns viel länger zu leben, dann haben wir deutlich mehr Zeit, die Erfahrungen des Lebens auszuweiten und unser Bewusstsein weiterzuentwickeln. Stellen Sie sich vor, Sie könnten in einem gesunden und vitalen Körper locker einhundertfünfzig Jahre alt werden, dann hätten Sie mindestens fünfzig Jahre mehr Zeit, um an sich zu arbeiten. Machen Sie sich ein Bild davon, unter welch grandiosen Voraussetzungen dann Ihr nächstes Leben beginnen würde und was Sie darauf aufbauend alles für sich und die Welt vollbringen könnten.

Je mehr Sie Ihre Lebensenergie für das einsetzen, worum es im Leben wirklich geht und je mehr Sie mit Ihrer Energie haushalten, umso kleiner ist das Energiepaket, das Sie in der kommenden Nacht abrufen. Um zu mehr Lebensenergie zu kommen und dadurch länger leben zu können, gibt es allerdings auch noch andere Möglichkeiten.

Eine Möglichkeit wäre, anderen ihre Lebensenergie zu rauben. Dies passiert bereits sehr viel häufiger, als Sie vielleicht glauben. Energieraub kann aber niemals die Lösung sein, denn indem jeder jedem Energie raubt, ändert sich letztlich gar nichts. Hier herrscht das Prinzip: der Stärkere gewinnt, allerdings nur vorübergehend.

Sehr viel besser wäre, den Verlust Ihrer Lebensenergie zu verhindern. Wie erwähnt ist der größte Verlust darauf zurückzuführen, dass die meisten Menschen sich nur unzureichend mit ihrer persönlichen Entwicklung beschäftigen und ihre Energie für etwas einsetzen, das keinen Wert - keinen höheren Sinn hat. Am meisten Energie verschwenden wir bei der Arbeit, indem wir einen Job überwiegend deshalb machen, um Geld fürs „Überleben" zu verdienen. Jeder, der hingegen seine Berufung lebt und eine auf ein höheres Ziel ausgerichtete Arbeitsleistung aus tiefstem Herzen vollbringt und auf das höchste Wohlergehen aller ausrichtet, verbraucht deutlich weniger Lebensenergie.

Um es auf den Punkt zu bringen, alles, was hier auf der Erde existiert, das erschaffen wurde, ohne auf die Energieressourcen aller Beteiligten Rücksicht zu nehmen, ist Energieverschwendung! Mit anderen Worten raubt jedes Unternehmen die Energie seiner Mitarbeiter - es beutet sie aus. Die Regierungen sind nur darauf aus, zu steuern und zu kontrollieren, wofür die Menschen ihre Energie einsetzen.

Sie kennen vielleicht aus eigener Erfahrung, dass ein Besuch im Krankenhaus oder eine Shoppingtour im Einkaufszentrum schnell müde macht. Der Hintergrund ist der, dass diese Einrichtungen nur von der Energie der Besucher leben. Sie verhalten sich wie schwarze Löcher und saugen aus Besuchern und Mitarbeitern förmlich das Leben heraus. Würden alle das Wissen in sich tragen, dass sie den Energieraub untersagen können, so würden beispielsweise Einkaufszentren keine Existenzgrundlage haben. Zusammenfassend ist zu sagen, dass alle von Menschenhand geschaffenen Konstruktionen, Einrichtungen, Produkte, Gebäude u.v.m., die den Energiehaushalt aller Beteiligten inklusive Mutter Erde und ihrer Rohstoffe nicht berücksichtigen, potentielle Energieräuber sind. Je größer und mächtiger die Einrichtung ist, umso mehr Energie raubt und verbraucht sie.

Aktive Transformationsarbeit hingegen formt neue Energien, verwandelt ungenutzte, negative Kräfte in positive, nutzbare Potentiale, die unser Leben bereichern und verlängern.

Ein weiterer wichtiger Aspekt dabei ist der, dass die Menschheit dazu neigt, sich immer den Weg des geringsten Widerstands zu suchen. Sie bemerkt dabei aber nicht, dass dies die Wege sind, die am meisten Energie verbrauchen! Einfache Wege verschwenden oftmals Ressourcen, während ein bisschen länger über Lösungen nachzudenken zahlreiche Vorteile generiert! Je länger man über etwas nachdenkt, umso mehr Aufmerksamkeit gibt man dem, was man erreichen will. Nachdem die Energie der Aufmerksamkeit folgt, wird Energie für das angestrebte Ziel und den Weg dorthin von überall her angezogen. Freie Ressourcen im Raum-Zeit-Gefüge stehen zur Verfügung und warten darauf, angefordert zu werden. Nachdenken und sich dafür etwas mehr Zeit zu lassen, lohnt sich! Es kommen andere, weitaus wertvollere Ergebnisse dabei heraus und die Umsetzung gelingt deutlich besser.

Nachdem es sich derzeit kaum verhindern lässt, mit den unterschiedlichen Formen von Energieräubern in Kontakt zu kommen, ist es hilfreich, den Raub bewusst zu untersagen. Hierfür gibt es einen einfachen inneren Befehl, den man an sich selbst richtet:

„Ich untersage jegliche Form von Raub an meiner Lebensenergie!"

Kleine Ursache, große Wirkung! Sie werden sofort einen deutlichen Unterschied wahrnehmen können. Dies stellt jedoch nur eine Hilfestellung dar und ist keinesfalls ein Ersatz für aktive Arbeit an sich selbst und seine Berufung zu leben. Wir leben in einer Welt, in der alles möglich/erlaubt ist, bis es erkannt und untersagt wird. Hüten Sie sich vor dem Verlust Ihrer Lebenskraft und sorgen Sie durch aktive Bewusstseinsarbeit für den Zustrom zusätzlicher Energie!

Programmierung der Urzelle vs. Bewusstsein des Egos

Das neue Leben, das ein Mensch in der nächsthöheren Erfahrungsebene führen wird, ist von zahlreichen Unterscheidungen zu dem Leben geprägt, das heute auf der Erde in der dritten Dimension geführt wird. Hier ist alles sehr kompliziert und alles ist in sich geschlossen, obwohl das nicht so erscheinen mag. Doch in Wahrheit ist hier alles von außen undurchdringbar und es kann nichts unternommen werden, um eine grundlegende Änderung herbeizuführen.

Indem wir Menschen uns für diesen Weg entschieden haben, wurde etwas Interessantes getan. Hier wurde das Zusammenspiel von Seele und Bewusstsein getrennt. Hier wurde die Seele als Ganzes von der Menschheit abgenabelt und es ist hier ein Teil gebildet worden, der die direkte Steuerung des Menschen übernimmt, das Ego. Indem das Ego zu dominieren begonnen hat, hat es sich ein eigenes Bewusstsein geschaffen. Dieses besteht aus zahlreichen Überzeugungen, die aus unzähligen Erfahrungen in zahlreichen Inkarnationen stammen. Es ist in sich geschlossen, das heißt, dass das Ego in sich alleine agiert und nur aus seinen innersten Überzeugungen heraus wirkt.

Dadurch wurde der Seele nur bedingt Zugang zu dem Unterbewusstsein des Egos gewährt, erst wenn das Ego sich auflöst, kann das Unterbewusste durch die Seele aufgenommen werden und der Mensch kann auch wieder zur Einheit mit seiner Seele zurückfinden. Indem die Seele das Ego ablöst, kann der Mensch wieder vollständig werden. Dann ist der Mensch auch bereit, den Weg in die höheren Ebenen anzutreten.

Hier auf der alten Erde ist das Ego dominierend. Solange ein Mensch von seinem Ego bestimmt wird, hat er kaum Möglichkeiten, sich auf das zu konzentrieren, was wirklich wesentlich ist. Das ist die Ursache, weshalb der Mensch so viele Glaubenssätze in sich trägt, die alle mit einem negativen Gefühl in Verbindung stehen. Nur der Mensch selbst kann aktiv auf seine Glaubenssätze einwirken, denn niemand sonst hat Zugang zu seinem Ego. Die Seele hat Einblick in das Bewusstsein des Egos, kann jedoch die Transformation dort nicht vornehmen, dies muss der Mensch selbst tun!

Das neue Leben auf der neuen Erde ist jedoch ganz anders aufgebaut. Hier gelten nur noch die einzelnen Programmierungen in der Urzelle und das Ego existiert nicht mehr. Hier auf der alten Erde ist das Ego zu erlösen und in die Einheit zurückzubringen und dadurch aufzulösen. Indem ein Mensch beginnt, sich auf das neue Leben vorzubereiten, gibt er seinem Ego den Befehl, sich zurückzuziehen. Er sagt ihm unbewusst, dass er es nicht mehr haben will und es beginnt den Weg in die andere Richtung einzuschlagen. Das Ego versucht ihn allerdings davon abzuhalten, sich für die neue Ebene zu öffnen, denn dies würde das Ende des Egos bedeuten.

Das Ego kann in der neuen Welt nicht existieren, denn dort ist die Grunddevise die Einheit - in der alten Welt ist die Devise die Trennung und das Ego sieht sich von allem getrennt. Erst ein aktiver Mensch, der bewusst auf sein Ego und dessen Bewusstsein einwirkt, kann dieses verändern. Das, was hier und jetzt gefordert ist, ist die Menschheit in die Einheit mit ihrer Seele zurückzuführen. Hier gibt es nichts anderes mehr zu erfahren und nichts anderes mehr zu tun, als nur das zu erreichen. Dieser Weg ist hart, denn jeder muss sich dabei selbst überwinden.

Im Sein eines Menschen ist veranlagt, dass er selbstkritisch auf sich selbst herabblicken kann, um zu erkennen, was er da tut. Er ist in der Lage, auf sich selbst zu sehen und sich distanziert zu betrachten, obwohl er immer noch er selbst ist. Diese Fähigkeit ermöglicht die Selbstreflexion und es ist daher machbar, dass man auf sich blickt und bewerten kann, ob das, was man tut, auch in seinem eigenen Interesse ist. Auf diese Art bildet sich Weisheit und aus der Selbstreflexion wird letztlich die Erkenntnis gewonnen, ob man sich gemäß der Vorgaben der eigenen Weisheit verhält oder eben nicht. Doch dazu muss man sich selbst erst durchringen und sein Tun bewusst kritisch betrachten. Selbst Meisterseelen bleibt dieser Weg nicht erspart!

Auch wenn es schwer sein mag, sein Tun und sein ganzes Sein selbstkritisch zu betrachten, so ist es doch der einzige Weg, um zu erkennen, was im Leben wirklich von Wert ist. Hier ist jeder gefordert, seinen Teil dazu beizutragen, damit die Erkenntnis eintreten kann, wie das Leben richtig zu verlaufen hat. Eine Tätigkeit, die es erfordert, ein großer weiser Mensch zu sein. Alle anderen werden diesen Weg wohl kaum gehen können.

Das Leben besteht aus zahlreichen Einzelteilen, die erst zusammenwirkend einen Menschen ergeben. Der wesentlichste Bestandteil, der in dieser Ebene gelebt wird und das Leben bestimmt, ist der Verstand. Der Verstand gehorcht letztlich nur sich selbst, außer die Weisheit eines Menschen beginnt auf ihn einzuwirken. Letztlich ist die Weisheit der einzige Teil, der die Macht hat, den Verstand zu begrenzen. Hier ist der Punkt, der so entscheidend ist und alles, was in diesem Buch geschrieben steht, bewerkstelligt, dass es auch Anwendung findet. Der Teil, der dies bewerkstelligt ist der einige und wahre Bestandteil des menschlichen Seins - die Weisheit. Sie ist die Kraft, die alles überstrahlt, denn aus ihr geboren ist letztlich der große wahre Schöpfergott Mensch. Ohne Weisheit wäre ein Mensch nichts und diese Weisheit muss auch gelebt werden, doch ist letztlich hier ein weiterer Teil am Werk, der das oftmals verhindert. Der freie Wille. Ist er am Werk und lässt nicht zu, dass die Weisheit sprechen kann, so ist das schwerwiegend für das ganze Sein eines Menschen. Der Wille, sich zu entwickeln und sich selbst zu hinterfragen muss vorhanden sein. Ist er es nicht, so ist jedes Wort, das hier geschrieben steht, wertlos, denn ohne den Willen, das anzunehmen, was hier angegeben ist, kommt es unweigerlich dazu, dass genau gar nichts geschieht und alles beim Alten bleibt.

Hier ist das entscheidende Element, das jeder Mensch verinnerlichen sollte. Hier ist der Antrieb des Menschen, der ihn vorwärts treibt und dafür sorgt, dass sich in ihm etwas entwickelt. Es ist die Seele, die alles antreibt und immer wieder Impulse gibt, dass hier nichts stehen bleibt. Die Seele gibt den

Impuls, der Verstand will es aufnehmen und die Weisheit lehrt uns, dass wir uns auf das konzentrieren sollen, was in uns präsent ist.

Programme in der Urzelle aufspüren und korrigieren

Wir Menschen sind in unserem Sein nicht besonders kreativ gewesen, um aus unseren Potentialen zu schöpfen und etwas Großes aus uns zu machen. Indem wir uns nicht um unsere eigentliche Herkunft gekümmert haben und immer noch nicht wirklich kümmern, hat unser Leben an Armut zugenommen. Es ist immer ärmer geworden an Liebe und immer ärmer an positiven Gefühlen, die das Leben lebenswert machen. Indem das alles so gekommen ist, haben die meisten resigniert und sich selbst aufgegeben. Dadurch fehlt dem Kollektiv jetzt die Kraft, sich gegen die Entwicklungen zu wehren, die sich in unserer Welt und in unserem Sein zeigen.

Alles, was nun wichtig ist, zielt darauf ab, die Entwicklung rückgängig zu machen. Alle Aktivitäten, die nun folgen sollen, dienen nichts anderem als der Rückkehr zur eigentlichen Form des Menschen, zur Göttlichkeit jedes einzelnen. Das Leben, worauf wir alle jetzt zusteuern ist von zahlreichen Ereignissen geprägt, die uns nichts anderes übrig lassen werden, als uns auf das zu konzentrieren, was in uns vorhanden ist. Niemand wird davon verschont bleiben, alle werden gefordert sein, ihr Innerstes zu durchforsten, um festzustellen, was innerlich veranlagt ist, und was bereinigt gehört, um den Weg zur Göttlichkeit in sich finden zu können.

In der neuen Welt, auf die wir alle zusteuern, kennt sich jeder mit sich selbst gut aus, jeder weiß, was er ist und jeder kennt seine Möglichkeiten. Damit das auch jeder erfahren kann, was er in seinem Sein verborgen hat, muss er sich auch die Mühe machen, in sich hineinzugehen, um dort nach den Dingen zu suchen, die dazu geführt haben, dass er bislang in eine andere Richtung gegangen ist.

Wenn Sie sich die Mühe machen, in sich zu gehen, dann werden Sie auch fündig werden. Sie stoßen auf Ihr innerstes Selbst und können erkennen, was in Ihnen steckt. Sie werden merken, dass Sie aus früheren Leben karmische Verbindungen mitgebracht haben, die nicht geheilt sind. Sie werden feststellen, dass Sie zahlreiche Überzeugungen in sich verankert tragen, die mit Gefühlen verbunden sind, die weitab von der Liebe sind. Sie werden erkennen, dass in Ihrer Grundprogrammierung Eigenschaften enthalten sind, die dem göttlichen Wesen Mensch widersprechen.

Um Ihnen diese Arbeit an sich selbst zu erleichtern, stelle ich Ihnen ein wundervolles Werkzeug vor, das in seiner Anwendung mehr als einfach ist. In Ihrer Urzelle, der Eizelle, aus der Sie entstanden sind, ist absolut alles, was Ihr Sein ausmacht, abgebildet. Hier können Sie alles erkennen, was in Ihnen steckt und noch nicht auf Ihre eigene Göttlichkeit ausgerichtet ist. Nun folgt eine Gebrauchsanleitung zur grundlegenden Veränderung Ihres Seins - eine Anleitung zur Umprogrammierung Ihrer Urzelle.

Das Einzige, was Sie dafür brauchen, ist neben der Bereitschaft, sich die Zeit dafür zu nehmen und ernsthaft daran interessiert zu sein, positive Veränderungen zu erzielen, ihre Vorstellungsgabe. Ihre inneren Bilder vor Ihrem geistigen Auge reichen aus, um alles zu erkennen und zu verändern, um Ihrer Göttlichkeit so nahe wie möglich zu kommen. Selbst wenn Ihnen klare innere Bilder schwerfallen, mit etwas Konzentration werden Sie dennoch ausreichende Wahrnehmungen haben, um zu erkennen, was in Ihrer Urzelle vorhanden/abgespeichert ist. Und Sie werden in der Lage sein, binnen Sekunden Veränderungen vorzunehmen, deren Wirkung Sie sofort in Ihrem Inneren und in Ihrem äußeren Erleben deutlich wahrnehmen werden.

Der Ausgangspunkt der Umprogrammierung der Urzelle ist die Vorstellung einer durchsichtigen Kugel. Sie können in diese Kugel, die Ihre Urzelle symbolisiert, hineinblicken und sehen sich selbst in dieser Zelle mit ausgebreiteten Armen stehend. Lassen Sie mich anhand eines einfachen Beispiels darlegen, wie Sie dieses Werkzeug benutzen:

Ein Blick auf Ihre Urzelle als Gesamtes ist üblicherweise mit einem ruhigen, angenehmen Gefühl in Verbindung, eine Schwingung, die Ihnen vertraut ist, denn Sie fühlen in diesem

Moment die Frequenz Ihres gesamten Seins. Suchen Sie nun in Ihrer Urzelle nach der „Bereitschaft, an sich zu arbeiten". Indem Sie sich jetzt auf die Suche in Ihrer Urzelle machen, werden Sie Irgendwo innerhalb der Zellwand, entweder irgendwo in Ihrem Körper oder zwischen Körper und Zellwand die Positionierung dieses Programms finden. Alles hat seinen Platz und wenn Sie sich darauf konzentrieren, und diesen Bestandteil Ihrer Programmierung ansprechen, dann wird dieser sich auch zeigen. Dieser kann ein kleiner Punkt sein, sich als großflächiges Energiefeld zeigen oder eine andere Form haben. Alles ist möglich - die Form spielt keine bedeutende Rolle.

Ist der Teil, nach dem Sie suchen, in Ihrer Urzelle vorhanden, so werden Sie das Gefühl wahrnehmen, mit dem dieser verbunden ist. Das Gefühl verrät Ihnen die Existenz des Programms. Dazu ist es wichtig zu wissen, dass jedes Programm mit einem Gefühl in Verbindung steht, das sofort wahrnehmbar wird, wenn man diesen Teil in sich anspricht. Sollten Sie keine Wahrnehmung haben, weder ein Bild seines Platzes noch ein Gefühl, so ist dieser Bestandteil Ihres Seins nicht vorhanden. In Ihrem Falle ist dies jedoch eher unwahrscheinlich, denn indem Sie sich für dieses Buch interessieren, tragen Sie die Bereitschaft, an sich zu arbeiten, in sich. Würde diese Bereitschaft in Ihnen fehlen, hätten Sie dieses Buch schon viel früher aus der Hand gelegt!

Stoppen Sie Ihren Lesefluss nun an dieser Stelle und machen Sie den Blick auf Ihre Urzelle, um diesen Bestandteil darin zu finden. Lesen Sie erst weiter, wenn Sie fündig geworden sind!

Nun wird es interessant, denn es gibt einige Besonderheiten, die von großer Bedeutung sind. Zuerst schenken Sie dem Gefühl Aufmerksamkeit, mit dem Ihre „Bereitschaft, an sich zu arbeiten", verbunden ist. Sie sollten jetzt das wundervolle Gefühl der Liebe wahrnehmen können. Sollten Sie ein weniger angenehmes Gefühl vernehmen, so ist dies ein deutliches Indiz dafür, dass mit dieser Programmierung etwas nicht stimmt und eine Korrektur vorgenommen werden sollte. Wenn dies der Fall ist, dann werden Sie auch wenig Freude daran haben, sich mit dem Inhalt dieses Buches intensiv auseinanderzusetzen, denn diese Programmierung ist dann schöpferisch wirksam und behindert Sie in Ihrem Vorankommen.

Um das Gefühl, das mit dem Programm in Verbindung steht, zu korrigieren, muss dieses transformiert werden. Dazu geben Sie diesen Bestandteil Ihrer Urzelle in Ihrem Herzen zur Transformation frei. Dazu sprechen Sie, während Sie Ihre Konzentration auf den Bestandteil halten, folgenden inneren Befehl aus:

„Ich gebe den Bestandteil meiner Urzelle, „die Bereitschaft an mir zu arbeiten" in meinem Herzen zur Transformation frei."

Wenn Sie in weiterer Folge schon geübt sind, dann funktioniert dies auch in Kurzform. Sie bleiben einfach auf diesen Bestandteil konzentriert und sprechen folgenden Satz:

„Ich gebe diesen Bestandteil in meinem Herzen zur Transformation frei."

Ihre Seele kennt sich aus und weiß, was zu tun ist. Dabei passiert sehr viel, denn es werden zahlreiche Glaubensmuster transformiert, die das Programm daran hindern, seine volle schöpferische Wirkung zu entfalten. Es werden ganz viele Bewusstseinsfelder in Ihnen bereinigt, die nicht in der Liebe waren und dadurch eine gegenteilige Wirkung auf diesen Bestandteil Ihrer Urzelle und damit auf den Bereich Ihres Seins ausüben.

Der zweite wichtige Aspekt ist die Positionierung dieses Programms. Wo auch immer Sie das Programm in Ihrer Urzelle lokalisiert haben, es ist wichtig, zu überprüfen, ob es denn an der richtigen Stelle sitzt. Denn erst durch die optimale Platzierung kann es seine volle Wirkung entfalten. Der optimale Platz für Ihre Bereitschaft, an sich zu arbeiten, ist Ihr Herz. Dort sollte es verankert sein, ist es dies nicht, so bewegen Sie das Programm dorthin. Schieben Sie es einfach mittels Ihrer Gedanken vom aktuellen Ort in Ihr Herz und Sie werden sofort fühlen, dass es sich deutlich besser anfühlt, als überall sonst. Sofern sich dieses schon zuvor in Ihrem Herzen befunden hat, so können Sie es dort belassen. Es lohnt sich jedoch ein kleines Experiment: Schieben Sie diese Programmierung an einen anderen Platz in Ihrem Körper und fühlen Sie, wie sich das Gefühl verändert. Sie können wahrnehmen, dass es dort nicht hingehört. Versuche Sie nun auch eine Positionierung außerhalb Ihres Körpers zwischen Ihnen und der Zellwand der Urzelle. Auch dort werden Sie fühlen, dass es nicht richtig positioniert ist. Nun geben Sie es wieder zurück an seinem Stammplatz in Ihrem Herzen und erfreuen Sie sich des wundervollen Gefühls der Liebe.

Zwei wichtige Schritte sind nun bereits getan, doch aller guten Dinge sind drei. Nun gilt es zu überprüfen, wie stark die schöpferische Wirkung dieses Programms ist. Auch dies lässt sich einfach erkennen, denn dafür brauchen Sie sich nur einen simplen Schieberegler beispielsweise von einem Mischpult vorzustellen. Dieser verfügt über eine Skala von null bis zehn. Jedes Programm steht in Verbindung mit solch einem Regler, der Ihnen unmissverständlich anzeigt, ob das Programm seine volle Kraft entfaltet, oder ob sich noch etwas anderes in Ihnen befindet oder fehlt, das die Schöpferkraft dieses Bestandteils Ihres Seins beeinträchtigt oder gar unterbindet. Das Ziel ist, dass der Regler die Maximalkraft und somit die Zehn erreicht und dort auch ohne Ihr Zutun stehen bleibt. Ist dem so, ist alles in Ordnung und Sie können in einem anderen Bereich Ihres Seins mit Ihrer Arbeit an sich selbst fortfahren.

Das Spiel ist aber erst zu Ende, wenn die Zehn erreicht ist. Sollte dies nicht der Fall sein und hier noch ein Mangel bestehen, dann gibt es etwas zu unternehmen, um den Mangel zu beseitigen. Zumeist handelt es sich um Glaubenssätze, die mehrere Bereiche des Seins beeinflussen und auf Transformation im Herzen warten. Um an diese zu gelangen hat nahezu jeder Mensch etwas ganz Besonderes, denn er hat eine Seele und diese Seele ist die Informationsquelle für absolut alles, was das Sein eines Menschen anbelangt. Die Seele kann jetzt angerufen werden, um festzustellen, worum es sich handelt und was noch zu tun ist, um die Zehn vollständig zu erreichen. Es gibt dazu eine gute Möglichkeit.

Das Leben besteht aus Körper, Geist und Seele. Indem der Geist hier aktiv ist und daran arbeitet, diese Zehn zu erreichen, stößt er an Grenzen, weil er dies so einfach nicht erreichen kann. Er ist hier an einem Punkt angelangt, wo er selbst nicht mehr weiterkommen kann. Das bedeutet, er braucht Hilfestellung und diese erlangt er nur, wenn er beginnt, auf seine Seele zu hören. Indem er sich auf die Seele konzentriert, bekommt er auch die Impulse, die er braucht, um zu dem Punkt zu gelangen, wo er weiter ansetzen muss, um das Ziel der Zehn am Regler zu erlangen.

Dies ist für die meisten Menschen ein schwieriges Unterfangen, denn sie sind es nicht gewöhnt, mit ihrer Seele in Kontakt zu sein. Doch es ist die Essenz eines Menschen, der an sich arbeitet, genau diesen Weg zu gehen. Indem Sie sich darauf besinnen, dass Sie eine Seele haben, werden Sie den Weg dorthin auch finden können. Doch bedarf dies einer intensiven Auseinandersetzung mit Ihrem Innersten. Jeder Mensch, der sich darauf besinnt, mit seiner Seele aktiv zu arbeiten, wird den Weg zu ihr auch finden.

An dieser Stelle möchte ich Sie auf mein Buch **„Programmcode: Lebenslust & Liebe“** verweisen. Dort erfahren Sie unter anderem mehr zum Thema „Kommunikation mit der Seele“.

Hier die Vorgangsweise nochmals in Kurzform:

- Blick in die Urzelle, um den Bestandteil zu lokalisieren.
- Gefühl wahrnehmen, mit dem das Programm verbunden ist
- Transformation des Programms im Herzen, um die damit in Verbindung stehenden Bewusstseinsfelder möglichst vollständig zu klären.
- Positionierung prüfen und gegebenenfalls korrigieren.
- Schöpferische Kraft durch Blick auf den Schieberegler überprüfen. Maximale Leistung ist das Ziel!
- Falls der Regler nicht auf Zehn steht, Seele kontaktieren und weitere Anweisungen empfangen.

Die Urzelle neu programmieren

Das Leben auf der Erde ist oftmals sehr interessant gestaltet, denn die Menschen sind äußerst unterschiedlich geprägt. Jeder trägt seine individuellen Programmierungen, durch die erst die Vielfalt des Lebens entstehen konnte. Daher war es auch möglich, verschiedene Grundprogramme auszuprobieren und zu beobachten, wie sich die einzelnen Änderungen auswirken. Das Leben hier ist ein Experimentierfeld und vieles wurde nicht immer richtig programmiert, sodass nicht alles zu dem Ergebnis geführt hat, wie es gewünscht wurde. Das bedeutet, dass oftmals Programmierungen falsch gelaufen sind, bewusst weggelassen oder schlichtweg vergessen wurden. Dies ist keinesfalls Absicht gewesen, um jemandem das Leben schwer zu machen, sondern es ist eben ein Experiment. Indem dies alles so zugelassen wurde, ist dabei herausgekommen, dass Menschen in sich einige Programme tragen, die sie nicht wirklich benötigen und andererseits tragen sie lückenhafte Programmierungen in sich, die ergänzt werden müssen.

Auf der Erde ist das Leben eben ganz besonders verlaufen und an keinem Ort im Universum ist so viel experimentiert worden wie hier. Daher können wir jetzt mit dem nur so umgehen, als dass wir korrigieren, was in uns möglicherweise unpassend ist.

Programme aus der Urzelle entfernen

Sie werden im weiteren Verlauf erkennen, dass in Ihnen in zahlreichen Bereichen Programme vorhanden sind, die Ihrem göttlichen Ausdruck und ihrem Erfolg im Leben mehr als nur im Wege stehen. Um diese Programmierungen loswerden zu können, ist die Urzelle wiederum der am besten geeignete Ansatzpunkt. Ich möchte Ihnen dies anhand des Beispiels Ihres Egos verdeutlichen. Wenn Sie Ihre Individualität erhalten möchten, die Dominanz, den ewigen Kampf und die Verführungen Ihres Egos jedoch ablegen möchten, dann gehen Sie dazu folgendermaßen vor:

Zuerst machen Sie wieder einen Blick auf die Urzelle, diese durchsichtige Kugel, in der Sie mit ausgebreiteten Armen stehen. Lokalisieren Sie den Sitz Ihres Egos - die meisten Menschen werden dieses in ihrem Kopf vorfinden, den Ort, wo es die Gedanken am leichtesten steuern kann. Ist es gefunden, so wird es Zeit, das Ego vollständig aus der Urzelle zu entfernen. Um dies zu bewerkstelligen, stellen Sie sich magische Hände vor, die in Ihre Urzelle, ohne Schaden anzurichten, eindringen können und all das ausführen, was sie Ihnen auftragen. Lassen Sie die magischen Hände nun zu Ihrem Ego gleiten und dieses sanft herauslösen. Im Anschluss transportieren diese das Ego durch die Zellwand aus der Urzelle heraus.

Ist dies geschafft, brauchen Sie Ihr ehemaliges Ego nur noch in Liebe aufzulösen. Dazu richten Sie einen aus Ihrem Herzen kommenden sanften Strahl mit Herzlicht auf Ihr Ego, umhüllen und durchdringen es mit all Ihrer Liebe, bis es sich vollständig in Licht und Liebe aufgelöst hat.

Sowie dies vollbracht ist, werden Sie in Ihrer Urzelle keinerlei Reste Ihres Egos vorfinden. Zurück bleibt natürlich das Bewusstsein, das es angesammelt hat, doch dies war ja mitunter Ziel des Lebens in der Trennung von der Seele. Das Leben ohne Ego ist ein ganz anderes, es fühlt sich viel ruhiger, sanfter und weniger stressig an, denn das Ego ist ein unruhiger Geist. Es will immer nur um seinen Vorteil kämpfen und es kümmert sich kaum um die anderen. Das Ego in Ihnen war ein ständiger Unruhepol und diese neue Ruhe werden sie genießen lernen.

Das Ego lässt sich üblicherweise leicht entfernen. Andere Programme sind jedoch hartnäckiger, weil sie mit anderen Lebensbereichen vernetzt sind. Daher kann es dazu kommen, dass sich diese nicht sofort aus der Urzelle herausnehmen lassen. Manchmal lässt ein Programm nicht los und verkrallt sich an seinem Ankerplatz, andere wieder lassen sich zwar entfernen, bleiben aber nicht außerhalb der Zelle, sie zieht es sofort wieder an ihren angestammten Platz zurück. Die Ursache ist darin zu finden, dass sie entweder mit bereichsübergreifenden Glaubenssätzen in Verbindung stehen oder Teil einer traumatischen Erfahrung sind, die nicht geheilt wurde. Auch ungelöste karmische Verstrickungen können die Ursache dafür sein, dass sich das Programm nicht entfernen lässt. Manche lassen sich zwar entfernen, können aber außerhalb der Zelle nicht vollständig aufgelöst werden. Dies ist ein Indiz dafür, dass zuvor noch der eine oder andere Glaubenssatz zu transformieren ist.

In diesem Falle ist der einzig gangbare Weg der über die Konsultation mit der Seele. Nur sie kennt die Ursachen und gibt Anleitung, wie diese beseitigt werden können, damit das Programm aus der Urzelle vollständig entfernt und aufgelöst werden kann.

Neue Programme in die Urzelle einbringen

Die Welt, in der wir uns befinden, hat zahlreiche Schwierigkeiten in sich geborgen. Denn es gibt hier immer wieder Herausforderungen, die nur dann zu absolvieren möglich sind, wenn unsere Programmierung dies auch zulässt. Dazu kommt, dass diese Herausforderungen eben eine Lücke in uns erfordern, etwas, das in uns fehlt und eben nur dann die Vollständigkeit des Seins erlangt werden kann, wenn diese Lücken aufgefüllt werden. Das Sein eines Menschen ist nur dann vollständig, wenn er in seiner Programmierung Vollständigkeit erlangt hat. Das bedeutet, dass der Einzelne zuerst in seiner Urzelle Programme inkludieren muss, damit alles wieder ins Lot kommt. Ist dies nicht der Fall, so ist dem Gesamten eines Menschen immer etwas abgängig. Es fehlt etwas in seiner Vollständigkeit und er wird niemals vollständig sein können, ohne die Programme zu ergänzen, die ihm fehlen. Im Verlauf dieses Buches finden Sie eine Auflistung all jener Programme, die ein Mensch in voller Ausprägung in sich tragen muss, um ein vollständiger Schöpfer zu sein.

Anhand der Schöpferkraft möchte ich Ihnen stellvertretend für alle weiteren Neuprogrammierungen aufzeigen, wie Sie am besten vorgehen. Machen Sie einen Blick auf Ihre Urzelle und stellen Sie vorläufig außerhalb der Zelle die „Schöpferkraft" hin. Je nach Wahrnehmung kann diese eine gewisse Form und Farbe haben, dies ist aber nicht von Bedeutung. Es reicht aus, wenn Sie das Wort „Schöpferkraft“ nahe an, aber doch noch außerhalb der Urzelle platzieren. Bevor wir diesen neuen Bestandteil in die Urzelle integrieren, bedarf es zweier Schritte zur Vorbereitung. Der erste Schritt ist die Transformation im Herzen, damit alle damit in direkter Verbindung stehenden Hindernisse beseitigt werden. Hierfür sprechen Sie wieder diesen inneren Befehl aus:

„Ich gebe diesen Bestandteil in meinem Herzen zur Transformation frei.“

Sie werden fühlen, was sich in Ihnen verändert, wenn die Transformation läuft. Nun zum zweiten Schritt. Wie Sie bereits wissen, steht jeder Bestandteil Ihrer Urzelle mit einem Gefühl in Verbindung. Daher ist es wichtig, den neuen Bestandteil, Ihre „Schöpferkraft“ mit dem Gefühl der Göttlichkeit zu verbinden. Um dies zu erreichen genügt wiederum ein einfacher innerer Befehl:

„Ich verbinde diesen neuen Bestandteil mit dem Gefühl der Göttlichkeit.“

Nun sind die Vorbereitungen abgeschlossen und Sie können Ihre Schöpferkraft in Ihre Urzelle einbringen. Der richtige Platz ist die gesamte Urzelle, denn Ihre Schöpferkraft sollte ja für Ihr gesamtes Sein zur Verfügung stehen und somit sollte sie nicht nur ihren gesamten Körper, sondern auch den restlichen Raum ihrer Urzelle einnehmen. Bringen Sie den neuen Bestandteil nun in die Urzelle ein und fühlen Sie, wie sich Ihre Schöpferkraft und das Gefühl der Göttlichkeit in Ihnen ausbreiten.

Ein Blick auf den Regler verrät Ihnen die Ausprägung und die Kraft, die hinter diesem Programm steht. Das Ziel ist wieder die Zehn. Sollte der Regler jedoch tiefer stehen, so ist es unumgänglich, Ihre Seele zu kontaktieren, um festzustellen, was noch getan werden muss, um Ihre Schöpferkraft in der maximalen Ausprägung zur Verfügung zu haben.

Die Programmierung ist einfach und für jedermann sofort umsetzbar. Es bedarf lediglich einer genauen Betrachtung seiner Urzelle und das kann jeder. Das neue Leben mit einer veränderten Programmierung ist sofort aktiv und es braucht keinerlei Verzögerungen, um an die gewünschten Potentiale der Programmierung heranzukommen. Jeder Mensch ist vollständig, wenn er alle Programme in seine Urzelle eingebracht hat, die ein Schöpfergott in sich tragen sollte und er ist dadurch auf jeden Fall für alle Veränderungen bereit, die auf der Erde vorgenommen werden. Ein Leben in Vollständigkeit ist ein wundervolles, selbst wenn auf dieser Ebene noch zahlreiche Ereignisse anstehen, die man als nicht besonders angenehm einstufen würde. Alles, was ein Mensch braucht, um sich von dem Geschehen rundum abzukoppeln, ist in diesem Buch vorhanden.

Kommunikation mit dem göttlichen Anteil

Ist der Mensch erst einmal darauf sensibilisiert, dass er eine Seele hat, dann kann er sich langsam aber sicher auf diesen göttlichen Anteil in ihm einlassen. Das ist jedoch ein Prozess, der nicht von heute auf morgen funktioniert. Ein Mensch muss erst in seinem Bewusstsein anfangen sich umzustellen, damit er diesen Anteil auch wahrnehmen kann. Jeder, der dies gerne möchte und bereit ist, sich mit seiner Seele zu unterhalten, der wird dies auch können. Hier ist nun ein Weg, der gegangen werden kann, damit Sie Ihren Weg zu Ihrer Seele finden können. Es ist wie gesagt ein Weg von unzähligen, den man einschlagen kann, um die Kommunikation aufzubauen und zu verstehen, was die Seele zu sagen hat. Ist der Weg zu schwierig, dann gibt es Blockaden, die zuerst gelöst werden müssen. Ist der Weg einfach, dann ist alles von Anfang an klar vereinbart gewesen. Das bedeutet, dass die Seelenkommunikation im Seelenplan vorgesehen ist.

Ist das Leben erst einmal begonnen worden, so bestimmt der Seelenplan genau, was alles geschieht und wann etwaige Vereinbarungen einzuhalten sind. Das bedeutet, dass auch der Seelenplan vorsehen muss, ob jemand mit seiner Seele in Kommunikation treten kann oder nicht. Dies ist eine Programmierung, die ein Mensch auf jeden Fall selbst verändern kann. Hier ist nun die Anleitung, um diesen Plan zu ändern. Sie brauchen sich dazu nur auf Ihre Seele zu konzentrieren und zu ihr folgendes sprechen.

„Liebe Seele, mein göttlicher Anteil, ich möchte mit Dir in Kontakt treten und ersuche Dich um Änderung des Seelenplanes, der nun vorsehen soll, dass wir miteinander in verbalen Austausch gehen können."

Ihr Leben verwandelt sich daraufhin deutlich, denn Ihre Seele stellt alle Weichen, um genau dazu zu kommen. Hier ist nun die Ergänzung, die erforderlich ist, um dieses Ziel zu erreichen. Dazu braucht es ein Programm, das in Ihre Urzelle eingebracht werden muss, damit auch hier alle Voraussetzungen in Ihrem System vorhanden sind. Das Programm trägt den Namen

„Seelenkommunikation" und dieses muss in Ihrer Urzelle vorhanden sein, damit die Kommunikation mit der Seele funktioniert. Das bedeutet aber, dass die vollständige Bereitschaft Ihrerseits gegeben sein muss, damit sie dies auch wirklich tut. Hier müssen alle Komponenten zusammenspielen damit die Seele mit ihrem irdischen Anteil so kommunizieren kann, wie sie es mit mir tut. Sowie der Seelenplan geändert und die Urzell-Programmierung erweitert wurde, sind alle grundlegenden Voraussetzungen geschaffen.

Eine Seele hat größtes Interesse, mit ihrem irdischen Anteil zu kommunizieren, denn es braucht das Teamwork, um alle Voraussetzungen zu schaffen, damit diese Ebene auch verlassen werden kann. Ist die Seele soweit, dass sie mit ihrem Anteil auch kommunizieren kann, dann wird sie alles tun, um sich bemerkbar zu machen. Meine Aufgabe in diesem Leben ist, Informationen aus den geistigen Ebenen zur Erde zu bringen und mich mit Hilfe meiner Seele wieder an altes Wissen zu erinnern. Daher wurde ich von Anfang an darauf programmiert, diese Kommunikation führen zu können.

Die Voraussetzung dafür ist nun auch in Ihnen geschaffen, doch müssen Sie sich dazu aufmachen, die Kommunikation mit Ihrer Seele zu fördern. Dies ist eine Aufgabe, die etwas Zeit brauchen wird und die Übung erfordert, denn es ist eine diffizile Art der Kommunikation. Vielen fällt es leicht, die Worte, die sie hören, aufzuschreiben und dann zu lesen, was sie geschrieben haben. Andere hingegen hören sehr gut, was die Seele sagt und brauchen kein Papier. Hier ist ein weiterer Weg, der Ihnen vielleiht helfen könnte, den Weg zu Ihrer Seelenkommunikation zu finden.

Wenn Sie sich auf Ihr Gehirn konzentrieren, dann sprechen Sie üblicherweise aus Ihrer linken Gehirnhälfte. Die rechte hingegen ist für Kreativität und Intuition zuständig, hier ist auch der Platz der Seele zu sehen. Indem Sie sich während Sie sprechen auf Ihre rechte Gehirnhälfte konzentrieren, so sprechen nicht Sie, sondern Ihre Seele. Klingt einfach, ist es auch! Sie werden feststellen, dass Sie mit etwas Übung aus Ihrer linken Gehirnhälfte kommende Fragen, auf die Sie keine

Antwort wissen, an Ihre Seele richten können. Und Sie konzentrieren sich unmittelbar danach auf die rechte Gehirnhälfte und lassen Ihre Seele antworten.

Sie werden feststellen, dass Ihre Seele anders spricht als Sie, die Satzstellung anders wählt als Sie dies üblicherweise tun würden und gerne etwas umschreibt oder etwas ganz anderes sagt, bevor sie Ihre Frage beantwortet. Auf jeden Fall kommt immer etwas Unerwartetes, was Ihnen bestätigt, dass dies nicht Ihrem Verstand entspringt, sondern von Ihrer Seele kommt. Ein großer Teil dieses Buches stammt von meiner Seele und alle Techniken und Erklärungen habe ich im Vorfeld erklärt bekommen. Auch viele Textpassagen habe ich nicht direkt geschrieben, sondern von meiner Seele empfangen. Mit etwas Übung gelingt Ihnen das auch!

Ein Leben mit der Seele gemeinsam zu planen ist eine wundervolle Angelegenheit, denn dazu braucht es nicht mehr viel. Das Leben richtet sich nach dem, was Ihre Seele sagt und was in Ihrer Seele veranlagt wurde. Sie selbst haben bestimmt, was in Ihrem Leben passieren oder ausbleiben soll und jetzt können Sie alles besprechen und ändern. Der Verstand ist zwar sehr rührig, doch gegen die Seele absolut machtlos. Sie sollten lernen dies zu überprüfen, denn der Verstand kann vieles nicht wissen, was die Seele jedoch weiß und so kämpfen Sie mit ihrem Verstand oftmals gegen Windmühlen. Das, was Ihr Verstand möchte, entstammt rein Ihrem Denken und Ihrem Ego. Das, was dann wirklich passiert, entscheidet Ihre Seele. Ihre Seele ist der Motor Ihres Lebens und ohne diesen zu beachten, fährt Ihr Leben ganz woanders hin, als geplant wurde. Das führt wiederum zu Korrekturen, die Ihre Seele vornehmen muss, um Ihre Leben wieder in die Richtung zu lenken, in die es gehen soll. Das Leben wird demnach vom Verstand geführt, doch von der Seele gelenkt. Das, was man Seelenkommunikation nennt, darf daher nicht aus dem Verstand kommen, denn dann hätten Sie ja die Rückführung des Verstandes auf Seelenebene vorgenommen und das kann nur schief gehen. Daher ist es wichtig, dass Sie Ihren Verstand zurücknehmen und diesen während der Kommunikation mit

Ihrer Seele vollständig ausschalten. Sie sollten sich nur mehr auf das konzentrieren, was aus Ihrem Innersten entspringt, und nicht mehr auf das, was Ihr Verstand versucht, Ihnen vorzumachen.

Der Verstand ist ein Teil von ihnen, den sie ebenso programmieren können. Sie haben ihn aller Voraussicht nach, so wie die meisten Menschen, in den Vordergrund gespielt und sollten diesen jetzt bändigen, denn sonst wird es nur schwer möglich sein, mit Ihrer Seele zu kommunizieren.

Dazu ist es erforderlich, sich ein Bild von Ihrem Verstand zu machen. Visualisieren Sie Ihr Wesen Verstand, das in Ihnen wohnt und sagen Sie ihm, dass es Zeit ist, eine Veränderung vorzunehmen. Dazu sprechen Sie die Wesenheit direkt an und sagen ihr folgendes:

„Liebster Verstand, Du hast mir beste Dienste geleistet und ich danke Dir dafür, denn es war wichtig, dass Du mich bis hierher geführt hast. Doch jetzt ist es Zeit, mein Leben vollständig zu ändern und auch Du sollst dich der neuen Aufgabe anpassen, die ich Dir jetzt übergebe. Meine Aufgabe ist jetzt, meiner Seele zu folgen und ihr Gehör zu schenken, doch dazu ist es wichtig, dass Du die Aufgabe, Dich in den Vordergrund zu stellen, aufgibst und dich unterordnest. Daher brauche ich Dein Einverständnis, dass es jetzt darum geht, was meine Seele bestimmt, auch tatsächlich umzusetzen. Wir sind jetzt alle darauf aus, die Göttlichkeit wiederzuentdecken und dazu braucht es viele Informationen, die von der Seele kommen und Du musst den Fluss der Informationen zulassen. Daher ist dies jetzt Dein Auftrag. Nimm ihn an und halte Dich daran. Danke!"

Das, was nun folgt, ist eine Umstellung Ihres Denkens, denn die Fokussierung ist nicht mehr die des Verstandes, sondern die was ihre Seele sagen und tun würde. Sie bestimmt nun Ihr Sein und Ihr Verstand ist Unterstützer und Diener der Einheit. Eine Einheit aus Körper, Geist und Seele. Die Seele ist der bestimmende Anteil und sie sagt, was jetzt wichtig ist. Sie ist letztlich der Teil, der das gesamte Leben bestimmt hat und Ihr freier Wille gepaart mit Ihrem Verstand, war der Teil, der sich verirrt hat und jetzt zurückgeführt wird.

Der Verstand könnte mit dem neuen Auftrag möglicherweise nicht einverstanden sein, denn es widerspricht ihm und seinem Naturell, doch sollten Sie in diesem Fall so lange mit ihm sprechen und ihn fragen, was er den möchte, bis er damit auch einverstanden ist. Es mag etwas dauern, doch das Einverständnis kommt. Zum Abschluss der Umprogrammierung des Verstandes ist es äußerst empfehlenswert, Ihren Verstand von allen negativen Energien zu befreien. Dazu sprechen Sie folgenden Satz:

„Ich gebe meinen Verstand in meinem Herzen zur Transformation frei!"

Die Intuition hingegen braucht ihre vollständige Befreiung, damit Sie dem Verstand Parole bieten kann. Dazu konzentrieren Sie sich auf Ihre Intuition und visualisieren diese. Dieser Bestandteil wird sich ebenso in einer bestimmten Gestalt zeigen. Damit sich die Intuition vollständig entfalten kann, sprechen Sie folgenden Satz:

„Ich gebe meine Intuition in meinem Herzen zur Transformation frei."

Der Verstand kann aber auch von Ihrer Seele aktiv beeinflusst werden und Sie können Ihre Seele darum bitten, den Verstand soweit zu beruhigen, damit die Informationen von der Seele auch tatsächlich durchdringen können. Bevor ich in eine ausgiebige Kommunikation mit meiner Seele trete, führe ich ein Reinigungsritual durch, das mein gesamtes Sein von allen fremden Energien und somit möglichen Störfaktoren befreit. Dann spreche ich folgendes:

„Ich verbinde mich jetzt mit meiner Seele. Dich, meine liebe Seele, bitte ich, meinen Verstand und alle anderen Bestandteile meines Seins zu beruhigen und dafür zu sorgen, dass diese während unserer Kommunikation Ruhe bewahren und ich alle Informationen von Dir ungestört aufnehmen kann. Danke!"

4. Grundlagen des Lebens

Aus der eigenen vollen Kraft schöpfen

In dieser Welt ist es ein Einfaches, seine Energien zu verlieren und ebenso ist es ein Einfaches, seine Energie zu erhöhen. In diesem Sinne gehört alles, was mit den Energieräubern in Verbindung steht, bereinigt und alles andere, das in diesem Sinne mit der Zufuhr von Energie in Verbindung steht, entsprechend gefördert, damit die volle Kraft aus einem Menschen entspringen kann. In diesem Leben wartet alles darauf, dass jeder Mensch seinen Weg zu den Potentialen, die in ihm verborgen sind, findet. Indem Sie dafür sorgen, dass Ihre Potentiale immer mehr ausgegraben werden, erhöhen Sie damit Ihre Energiezufuhr. Sie erhöhen dadurch auch Ihr schöpferisches Potential und somit Ihre Macht zu gestalten und Ihr Leben ganz nach Ihren eigenen Vorstellungen zu erschaffen. Sie fungieren dadurch für andere als Vorbild und durch Ihre starke und für alle wahrnehmbare Außenwirkung beeinflussen Sie die ganze Welt.

Damit Sie Ihre volle Schöpferkraft aktivieren können, bedarf es der Transformation dieser kollektiv in uns allen angelegten Glaubenssätze:

- Mein Leben besteht nicht aus Kraft und Schöpfungsenergie.
- Ich kann meine vollen Potentiale niemals leben.

Dies war der erste Schritt zur Befreiung Ihrer Schöpfermacht. Der nächste ist die Aktivierung, der in Ihnen befindlichen Potentiale. Und wie so oft im Leben sind die besten Dinge die allereinfachsten, denn dazu bedarf es lediglich eines einzigen inneren Auftrags, den Sie so oder ähnlich formulieren können:

„Ich verbinde mich jetzt mit allen mir zur Verfügung stehenden Energiepotentialen und meiner gesamten Schöpfermacht. Ich aktiviere hiermit diese Energien, sodass sie mir von nun an in allen Lebenslagen in vollem Umfang zur Verfügung stehen. So sei es. Danke!"

Wenn Sie die beiden Glaubenssätze transformiert und Ihre Energiepotentiale aktiviert haben, werden sie ein unglaubliches

Gefühl in sich wahrnehmen können. Eine unbändige innere Kraft, das Gefühl von Stärke und die Macht zu gestalten. Ein Gefühl, das man mit Worten kaum beschreiben kann. Sie verfügen über eine besondere Ausstrahlung, die Ihr Umfeld bemerken wird. Das neue Leben hat von nun an begonnen und es ist Zeit, dass Sie sich auf das konzentrieren, was das neue Leben beinhaltet. Es gibt noch vieles zu bereinigen, doch der erste und wichtigste Schritt ist getan.

Ein Mensch ist nur solange an die Gegebenheiten dieser Ebene gebunden, solange er mit seinen Energien nicht umzugehen weiß. Je früher ein Mensch lernt, das umzusetzen und anzuwenden, was in ihm vorhanden ist, umso eher wird er erkennen, dass es nichts mehr gibt, das ihn aufhalten kann. Er wird in seinem direkten Umfeld alles so gestalten, dass diese Energie ihm hilft, seine Ziele und Bestrebungen zu erreichen.

Ein neues Leben hat immer etwas Spannendes und es braucht auch immer etwas Neues, damit die Spannung aufrecht erhalten bleiben kann. Das ist der Unterschied zwischen dem Leben hier und dem neuen Leben auf der Erde in der fünften Dimension. Hier ist nichts mehr spannend, alles ist bereits viele Male anzutreffen gewesen und es braucht eine grundlegende Veränderung, damit das Leben wieder interessant wird. Indem alle Menschen all dies nach und nach verstehen werden, bekommt das Leben eine neue Dynamik. Denn dies sorgt dafür, dass die Ebene langsam, aber sicher ihr Ende finden kann. Sowie die Menschheit als Kollektiv wieder an Dynamik gewonnen hat, wird sie auch die Veränderungen einleiten, auf die wir uns zubewegen.

Ein Leben braucht vieles, damit es vollständig ist und hier finden Sie nun alle Details einer Programmierung, die ein Mensch vollständig in sich integriert haben sollte, um seine Potentiale auch vollständig leben zu können. Lassen Sie sich tief auf das nun Folgende ein, denn es wird Ihr Leben grundlegend verändern und Ihnen Möglichkeiten eröffnen, von denen Sie niemals zu träumen gewagt hätten.

Liebe

Der Ausgangspunkt ist der Teil, aus dem wir geschaffen wurden. Alles was ist, entspringt der göttlichen Liebe und der erste und wichtigste Bestandteil eines vollständigen Menschen ist die Liebe. Doch hat sie unterschiedliche Facetten, die alle in voller Ausprägung Bestandteil des menschlichen Seins sein müssen, damit das Leben rein aus Liebe bestehen kann. Alles hat seinen Ursprung in unserem innersten Sein, besteht dieses aus Liebe in jeglicher Form, so besteht das Leben aus nichts anderem mehr.

Die Liebe ist der Ursprung allen Lebens und ein Leben ohne Liebe ist nicht möglich. Indem die Menschheit geboren wurde, hat man die Liebe nicht mehr forciert, um zu sehen, was aus einer Spezies wird, die von der Liebe sehr weit entfernt ist. Durch die Abtrennung von der Liebe, wurde die Menschheit sich selbst überlassen. Das Ergebnis ist nun erkennbar, was daraus entsteht, wenn über viele Jahrtausende eine Spezies nicht auf die Liebe fokussiert ist. Darin ist die Ursache für alles zu suchen, was in dieser Welt vorzufinden ist. Das Leben als Mensch ist ein Leben weitab von allem, was man unter Liebe versteht. Die Menschheit wartet nun schon sehr lange darauf, dass die Liebe zurückkehrt und dass jemand diese Liebe zurück in das Leben der Menschen bringt. Ich möchte, dass Sie verstehen, dass es nichts Wichtigeres gibt, als zur Liebe in Ihnen selbst zurückzufinden. Indem Ihre Liebe ausbleibt, ist auch diese Welt viel ärmer, als sie es sein könnte. Sie selbst sind die Quelle der Liebe in dieser Welt und je mehr Liebe Sie in sich tragen, umso heller und liebevoller wird diese Welt werden.

Die Liebe ist kein Ding, das einfach nur irgendwo hingestellt werden kann, sie ist auch nichts, das man einfach nur so in sich trägt, die Liebe ist ein aktiver Teil, der einen Menschen auszeichnet. Ist sie vorhanden, ist dieser Mensch aktiv, fehlt sie, ist dieser Mensch inaktiv in Bezug auf seine eigene Entwicklung und dem Erreichen des wahren Ziels des Lebens. Die Liebe ist ein wichtiger Teil, der unentbehrlich ist, um das Leben zu gestalten.

Die gute Nachricht ist, dass die Liebe in jedem Menschen aktiviert werden kann. Es gibt auch Menschen, bei denen die Liebe nicht in ihrer Urzelle verankert ist und dieser Teil nachgeholt werden muss. Ich habe dies bei einem Mann erlebt, der in einem früheren Leben der Dunkelheit gedient und damals dafür gesorgt hat, dass das Licht ausgelöscht wird. Aufgrund dessen ist er in dieses Leben ohne Liebe und viele andere wesentliche Bestandteile gestartet, die üblicherweise als selbstverständlich gelten. Erst durch die Umprogrammierung der Urzelle in zahlreichen Bereichen ist es gelungen, tief empfundene Herzensliebe in sein Leben zu bringen. Der Grundaufbau seiner Programmierung hat es ermöglicht, sein Leben völlig neu auszurichten.

Kollektive Glaubenssätze behindern jedoch auch in Ihnen die Liebe und ihren Ausdruck durch Ihr ganzes Sein. Erst durch deren Transformation wird wahre Liebe möglich:

- Die Liebe ist niemals Bestandteil meines Lebens.
- Die Liebe brauche ich nicht.

Von größter Bedeutung ist, dass in Ihnen dieser Glaubenssatz vorhanden und mit den richtigen Gefühlen und Emotionen verbunden ist:

„Die Liebe ist der Inhalt des Lebens"
Gefühl: Liebe; Emotion: allumfassende bedingungslose Liebe

Nun ist der Weg frei, damit die Liebe aus jeder einzelnen Ihrer Zellen heraus erstrahlen kann. Überprüfen Sie dies durch einen Blick auf Ihre Urzelle, ob diese auch tatsächlich vollständig mit dem Licht der Liebe gefüllt ist. Sollte dies nicht vollständig der Fall sein, so ist es dringend erforderlich, eine Überprüfung durchzuführen, warum dies nicht der Fall ist. Eine große Hilfestellung zur Feststellung von Handlungsbedarf ist wieder ein Blick auf den Regler, der die Intensität der Ausprägung dieser Eigenschaft in Ihnen anzeigt. Steht dieser auf Maximum, so ist alles in bester Ordnung.

Das direkte duale Gegenstück für die Liebe ist nicht wie oft geglaubt der Hass, sondern die Leere. Ein Mensch ohne Liebe ist nicht automatisch mit Hass erfüllt, sondern jemand, der in sich nur Leere empfindet. Diese Leere befindet sich aber auch in Ihnen, selbst wenn Ihre Liebe in vollster Ausprägung in Ihrer Urzelle vorhanden ist. Indem Sie diese Leere entfernen, lösen Sie ein wichtiges Stück Dualität in sich auf. Damit dies gelingt, sind diese kollektiven Glaubensmuster zuvor zu transformieren.

- Niemals wird das Leben in mir sein.
- Das Leben ist nur dann vorhanden, wenn ich da bin.
- Das Leben ist durch mich bestimmt.

Das neue Leben ist von vielen neuen Gegebenheiten geprägt. Das Neue daran ist nicht nur die Liebe, sondern die vielen Ausprägungen, die die Liebe kennt. Es handelt sich dabei um die Grundbestandteile des Lebens in der Dimension der Liebe, auf die wir alle zusteuern. Hier finden Sie nun die Liste der Eigenschaften und unterschiedlichen Formen von Liebe, die in Ihnen vorhanden sein sollten, damit Sie das Leben in vollen Zügen genießen können und alles von Liebe umgeben und durchdrungen ist, was Sie in Ihrem Leben vorfinden.

- Liebe zum Leben
- Liebe für das Leben
- Liebe im Leben

Es gibt einen weiteren Bestandteil, der von größter Bedeutung ist und auf jeden Fall in Ihrer Urzelle voll und ganz programmiert sein sollte. Dieser besteht aus dem Teil, der dafür sorgt, dass die Liebe gleichwertig mit allen anderen Bestandteilen des Lebens gesehen wird und niemals unterhalb angesiedelt wird. Hier ist die Grundlage dafür, dass alles gleichwertig ist und die Liebe an oberster Stelle gleichauf mit allen anderen Prioritäten gesehen wird.

- Liebe auf Lebenshöhe

Das Leben beinhaltet zusätzliche Ausprägungen der Liebe, die ich Ihnen hier gerne aufliste und zu überprüfen in Ihrer Urzelle empfehle, denn es würde an ein Wunder grenzen, wenn alle Facetten der Liebe in Ihnen uneingeschränkt wirksam wären.

- Liebe leben
- Liebe empfangen
- Liebe zulassen
- Liebe schenken

Möglicherweise fehlen Ihnen, so wie mir, die Worte, wenn Sie fühlen, wie sich die Liebe in vollem Ausmaß in Ihnen ausbreitet. Ein Gefühl von Göttlichkeit, das Sie von nun an für immer begleiten wird. Dies ist der große Moment, auf den alle Menschen gewartet haben - die Liebe kehrt zurück!

Selbstliebe

Die meisten Menschen haben ein Defizit im Bereich der **Selbstliebe**. Diese umfasst neben der **Liebe zu seinem Körper** auch die **Liebe zu seiner Seele** und die **Liebe zu allen Bestandteilen**, aus denen sich ein Mensch zusammensetzt. Die Selbstliebe und ihre Unterprogramme haben ihren Sitz im Herzen, strahlen über den gesamten Körper hinaus und füllen die Urzelle zur Gänze mit ihrem Glanz und ihrer unbändigen Kraft. Das Gefühl, mit dem die Selbstliebe verbunden ist, ist natürlich die Liebe. Damit ihre volle Ausprägung überhaupt möglich ist, bedarf es der Beseitigung aller Einschränkungen, die in uns veranlagt wurden und die Selbstliebe in allen Bereichen beeinträchtigen. Es handelt sich dabei um kollektive Glaubensmuster, die ich anschließend aufliste und Ihnen zu transformieren ans Herz lege.

- Mein Leben hat keinen Zweck, ich liebe es nicht.
- Mein Leben wird niemals von Liebe geprägt sein.
- Mein Leben wird niemals in Liebe entstehen.
- Ich kann für mich selbst keine Liebe empfinden.
- Liebe ist kein Teil meines Lebens.

Wenn Sie jetzt einen Blick auf Ihre Urzelle machen und Ihre Selbstliebe sowie deren Unterprogramme nicht in Ihrem Herzen verankert und hell leuchtend über Ihren Körper hinaus, die gesamte Urzelle füllend, vorfinden, dann gibt es persönliche Einschränkungen durch individuelle Glaubensmuster, unerlöste traumatische Erlebnisse und/oder karmische Vorbelastungen, die dringend auf Heilung warten.

Machen Sie einen Blick auf den Regler, der die Ausprägung der einzelnen Eigenschaften in Ihnen anzeigt. Ist dieser nicht auf Maximum, so gibt es Arbeit zu verrichten!

So wie alles im Leben in einer dualen Welt sein unmittelbares Gegenstück hat, so trifft dies auch auf die Liebe zu. In einem Menschen sind Eigenschaften verankert, die der Liebe zu sich selbst entgegenstehen. Der Hass zu sich selbst steckt somit auch in uns allen und ein vollkommener Mensch hat diesen aus seinem Sein entfernt. Den **Selbsthass** zu entfernen bedeutet, einen weiteren Teil der Dualität in sich aufzuheben. Wenn Sie jetzt in Ihre Urzelle blicken, werden Sie den Selbsthass aller Voraussicht nach ebenso in Ihrem Herzen entdecken. Wenn Sie nun versuchen, diesen zu entfernen, wird Ihnen auffallen, dass dies nicht möglich ist. Der Grund dafür liegt darin, dass dieser durch kollektive Glaubenssätze auch in Ihrem Bewusstsein verankert ist. Erst durch die Transformation dieser Muster, kann er entfernt werden. Diese sind:

- Ich kann mich nicht selbst lieben.
- Keinesfalls werde ich mich lieben können.

Sollte sich der Selbsthass nun noch immer nicht problemlos aus Ihrem Herzen aus der Urzelle entfernen lassen, so ist dies auf individuelle Glaubensmuster zurückzuführen, die einer näheren Betrachtung bedürfen.

Liebe zu allem, was ist

Ein Mensch, der sich selbst nicht liebt, ist auch nicht in der Lage, jemand oder etwas anderes in vollem Ausmaß zu lieben! Die Liebe zu allem was ist, bildet die logische Ergänzung zur Selbstliebe und ist somit ebenso ein unverzichtbarer Bestandteil eines vollkommenen Menschen. Der Ausgangspunkt ist wieder das Herz und die wundervolle Energie füllt die gesamte Urzelle.

Etwas zu lieben bedeutet, dieses um jeden Preis schützen zu wollen. Ein liebender Mensch stellt sich schützend vor das, was er liebt und weicht nicht zur Seite, egal was kommen mag. Indem er das tut, wendet er jeglichen Schaden davon ab. Im

Umkehrschluss bedeutet das, dass man alles, von dem man zulässt, dass es geschädigt wird, nicht vollständig liebt. Sieht man sich das menschliche Verhalten in den verschiedensten Lebensbereichen genauer an, kann man vieles daraus ableiten. Man könnte behaupten, dass die Menschheit sich selbst nicht liebt. Das bedeutet auch, dass die Menschheit den Planeten Erde und alle darauf befindlichen Lebewesen nicht genug liebt, um alles entsprechend zu schützen.

Indem man eine Änderung in seiner Urzelle vornimmt, wird eine grundlegende Veränderung möglich. Wenn ein Mensch die Liebe zu allem, was ist vollständig integriert, wird vieles anders werden und alle Menschen brauchen genau das! Entscheidend ist, dass alle Menschen die Selbstliebe und die Liebe zur gesamten Schöpfung als Hauptbestandteil ihres Seins anerkennen! Die Ursachen dafür, dass es derzeit nicht so ist, sind folgende kollektive Glaubenssätze, die in uns allen veranlagt sind:

- Ich kann nur mich selbst lieben.
- Mein Leben ist nur für mich.
- Mein Leben kann sich nicht auf das Leben anderer fokussieren.
- Liebe ist nur etwas für mich.
- Keinesfalls werde ich andere lieben.
- Niemals wird das Leben anderer mehr Wert haben als meines.

Das Gegenstück zur Liebe von allem was ist, ist die **Verachtung der Schöpfung**. Diese ist der Grund für alles, was der Mensch anderen Lebewesen/Lebensformen antut. So wie die Liebe, hat auch die Verachtung ihren Sitz im Herzen und dieser Bestandteil wehrt sich ebenfalls dagegen, einfach so entfernt zu werden. Der Grund sind diese Glaubenssätze:

- Mein Leben ist so gebaut, dass ich alles verachte, außer mich selbst.
- Ich kann dieses Leben nur lieben, wenn ich alles andere verachte.

Und schon haben Sie die Voraussetzungen geschaffen, um die Verachtung der Schöpfung aus Ihrem Sein zu entfernen und ein weiteres Stück Dualität zu transformieren.

Göttlichkeit

Das Geld ist heute der Ersatzgott für viele Menschen. Sie tragen dieses in ihrem Herzen und nichts ist ihnen wichtiger. Das Leben ist für diese Menschen von ein und demselben Ding abhängig und sie vergessen dabei völlig, wer sie eigentlich sind. Daher ist es so wichtig, dass jeder Mensch in seinem Bewusstsein und in seinem ganzen Sein verankert trägt, dass er ein göttliches Wesen ist. Hier wird alles eingepflanzt, was ein Mensch ist. Wenn die Göttlichkeit nicht vorhanden ist, kann er niemals seinen eigentlichen Zweck erfüllen. Wenn das göttliche Licht in einem Menschen verankert ist, dann erstrahlt es aus seinem Herzen. Selbst hier wurden jedoch in uns Programmierungen abgelegt, die uns vom Ausdruck unserer Göttlichkeit abhalten:

- Mein Gott ist nicht für mich da.
- Das Göttliche in mir ist nicht vorhanden.
- Mein Gott stammt nicht von mir ab.

Indem ein Mensch die Göttlichkeit in sich einziehen lässt, besteht er von nun an aus dem Licht Gottes und er hat keine andere Möglichkeit mehr, als sich ständig dem Göttlichen immer weiter anzunähern. Wenn er das göttliche Licht in sich aufnimmt, bleibt er solange auf derselben Ebene und wird sich ständig weiterentwickeln, bis er diese Ebene überwunden hat und der Göttlichkeit so nahe gekommen ist, dass er diese Ebene verlassen kann. Das ist das eigentliche Ziel des Lebens auf der Erde. Nun ist es soweit, dass ganz viele Menschen bereit sind, diesen letzten Schritt in ihrem Sein anzugehen. Ist dies geschafft, dass die Menschen weit genug entwickelt sind und ihre innere Göttlichkeit bereits nach Außen erstrahlen lassen, dann ist der Tag des Ausstiegs aus dieser Erfahrungsebene nahe.

Doch selbst die Göttlichkeit in uns hat ihren dualen Gegenpol. Indem wir gewählt haben, in diese Welt geboren zu werden, gelangen wir automatisch mit der Dualität in Berührung. Die Menschheit ist in ihrem Wesenskern weder gut noch böse, sondern eben nur dual. Sie ist alles und sie ist nichts von all dem, was es scheint. Die Menschheit ist dual und trägt auch die Dualität in vollem Ausmaß in ihrem Innersten. Sie ist böse, weil man glaubt, dass jemand böse ist und sie ist gut, weil man glaubt, dass jemand Gutes tut. Ich möchte, dass Sie verstehen, dass es dieses duale Spiel schon sehr lange gibt und dass es Zeit ist, die Dualität von sich zu weisen und nur noch Licht zu sein. Das bedeutet, dass das Licht alleine letztlich übrig bleiben soll, wenn Sie die Dualität in sich überwunden haben. Um das zu erreichen, bedarf es die **Dunkelheit** aus Ihrer Urzell-Programmierung zu entfernen. Die Voraussetzung, damit dieses Vorhaben auch tatsächlich gelingt, ist die Transformation dieser kollektiven Glaubensmuster:

- Niemals darf ich die Dunkelheit gehen lassen.
- Die Dunkelheit ist ein Fixbestandteil meines Lebens.
- Niemals darf die Dunkelheit von mir gehen.

Nun wird es möglich sein, Ihre Urzelle von der Dunkelheit, die im Zentrum Ihres Seins sitzt, zu befreien. Gehen Sie wie gewohnt vor und fühlen Sie die Erleichterung und wie Ihr Licht weiter an Leuchtkraft gewinnt! Ist Ihr Licht erst einmal auf diesem Stand angekommen, so lässt es sich niemals mehr auslöschen. Ihr Licht ist nun so stark, dass dieses jeder erkennen kann und je mehr Sie an sich arbeiten, umso heller leuchten Sie und umso weniger sind Sie dafür anfällig, sich wieder in dieser Ebene zu verstricken.

Vertrauen

Ist das Leben erst einmal im Gange, so ist es auch von vielen Faktoren abhängig. Das neue Leben, das auf uns wartet, ist von vielen Faktoren geprägt, die hier in dieser Ebene teilweise oder sogar gänzlich fehlen. Hier gibt es kaum Vertrauen und kaum Menschen, die sich dem Leben einfach nur ausliefern und darauf vertrauen, dass sie mit allem versorgt bleiben, was hier wichtig ist. Indem ein Mensch das Leben auf der Erde wählt, geht er erst einmal einen großen Schritt von seiner Quelle, dem ewigen göttlichen Licht, weg, um die gewünschten Erfahrungen zu machen, die ihn eben das Leben in allen nur erdenklichen Zügen erfahren lassen.

Es war nötig, das Vertrauen abhanden kommen zu lassen, um in dieser Ebene alles entsprechend erfahren zu können. Teilweise fehlt das Vertrauen gänzlich, daher ist jeder Mensch, der das Vertrauen in sich nicht finden kann, davon abhängig, alles selbst in die Hand zu nehmen. Alles selbst machen zu müssen, ist jedoch äußerst anstrengend und kostet immens viel Lebensenergie. Dabei gibt es einen viel einfacheren Weg, um die Herausforderungen des Lebens bestehen zu können und ausreichend Zeit und Energie für die persönliche Entwicklung aufbringen zu können. Um voll ins Vertrauen gehen zu können, sind die folgenden Glaubenssätze zu transformieren:

- Niemals werde ich wieder vertrauen können.
- Keinesfalls ist Vertrauen für mich möglich.

Das Leben ohne Vertrauen ist hart, das Leben mit ist jedoch ein Kinderspiel. Indem ein Mensch vertraut, kann er sich darauf verlassen, dass die göttliche Quelle vollständig für ihn sorgt. Er wird alles haben, was er für ein erfülltes Leben braucht und es wird alles vorhanden sein, was ihm Freude bereitet. Hier sind nun die Voraussetzungen dafür, denn das Vertrauen hat viele Facetten, aus denen es sich zusammensetzt.

- Vertrauen in sich selbst
- Vertrauen in das Leben
- Vertrauen in die göttliche Quelle
- Vertrauen in die Liebe
- Vertrauen auf das Leben
- Vertrauen in das Leben
- Vertrauen, dass das Leben für mich immer das Beste will
- Vertrauen in die Wahrheit

Die Wahrheit ist die Grundlage des Lebens. Wenn jemand die Wahrheit lebt, dann ist er seiner Göttlichkeit schon sehr nahe und daher ist das Vertrauen in die Wahrheit ebenso wichtig, wie die Wahrheit selbst.

Korrigieren und komplettieren Sie nun Ihre Urzellprogrammierung mit allen Aspekten des Vertrauens und bedenken Sie, dass das Vertrauen mit dem Gefühl der Liebe in Verbindung gebracht werden sollte und seinen angestammten Platz in Ihrem Herzen hat. Es versteht sich von selbst, dass das Vertrauen auch einen Gegenpol hat. Das **Misstrauen** steckt ebenso in Ihrer Urzelle und kann entfernt werden, so wie die Facetten des Vertrauens mittlerweile durch Ihr aktives Zutun gestärkt oder neu integriert sein sollten.

Wahrheit

In einem Leben geht es darum, etwas zu erreichen, doch kann nur etwas erreicht werden, wenn die Grundlagen dafür vorhanden sind. Um etwas Echtes erreichen zu können, etwas, das auch einen Wert hat und jemanden langfristig dienlich ist, braucht es eine Grundlage, die man Wahrheit nennt. Erst wenn die Wahrheit Bestandteil des Seins eines Menschen ist, kann er die Wahrheit auch leben und er kommt dazu, sein Leben auf etwas zu fokussieren, das ihm nachhaltig dienlich ist. Die Wahrheit trennt einen Mensch von allen anderen Unwahrheiten, die sich um ihn herum ansammeln. Er erkennt, dass alles andere keinen Wert hat und er beginnt sich nur noch auf das zu fokussieren, was echt ist. Er trennt sich selbst von der Illusion um sich herum. Indem ein Mensch Wahrheit lebt, kann er gar nicht anders, als sich intensiv mit sich selbst zu beschäftigen. Es ist das Um und Auf eines Seins, die Wahrheit in sich zu finden. Ein Menschenleben hat erst einen Wert, wenn es seine wahre Identität gefunden hat!

Um Wahrheit zu verkörpern, bedarf es einiger Korrekturen, die unserem Sein zugrunde liegen. Wahrheit entsteht erst, wenn die Glaubensmuster der Unwahrheit und der Illusion aus dem Bewusstseinsfeld entfernt wurden.

- Ich kann die Wahrheit niemals erkennen.
- Ich werde immer der Illusion unterliegen.

Zwei äußerst mächtige Muster, deren Transformation den Weg frei macht, um der Wahrheit in Ihrer Urzell-Programmierung die maximale Kraft zu verleihen und die Voraussetzung schafft, um die beiden dualen Gegenspieler, die Illusion und die Unwahrheit, aus Ihrer Urzelle zu entfernen.

Hier liegt nun die Lösung des Rätsels auf der Hand, die Illusion weicht und alles, was wahr ist, kann in Ihr Leben Einzug halten. Es ist nun die Voraussetzung geschaffen, das alles zu erkennen, was keinesfalls weiterhin Bestandteil Ihres Leben sein darf. Denn nur das Wahre kann ab sofort Inhalt Ihres Leben sein. Sie haben es jetzt in der Hand, die Illusion für immer aus Ihrem Sein zu beseitigen und der Dualität auf Wiedersehen zu sagen. Indem Sie dies tun, wird sich Ihr Leben wandeln. Sie werden fortan nur noch die Informationen erhalten, die auch tatsächlich wahr sind, denn Sie erhalten von niemandem mehr etwas Unwahres erzählt, denn die Wahrheit lässt die Unwahrheit nicht mehr zu. Ihr Leben hat somit an Reichtum gewonnen und Sie wurden von wertlosem Müll befreit.

Die Seele

Nun beginnt erst Leben, denn hierin ist die Grundlage für das Sein eines Menschen enthalten. Hier wird das Leben seinen Anfang nehmen und es wird auch niemals mehr enden, denn die Seele eines Menschen ist unsterblich. Indem sie in das Leben einzieht, beginnt es sich erst richtig zu entwickeln Das Leben eines Menschen ist ohne seine Seele nicht wirklich existent. Hier beginnt nun ein Kreislauf, der niemals endet und ein Kreislauf, den niemals endet, ist eine Spirale, die sich nach oben dreht und der Göttlichkeit mit jeder Umdrehung näher kommt. Hier beginnt ein neues Leben, das sich von Ihrem alten massiv unterscheidet. Von nun an ist Ihre Seele der dominierende Anteil, der Ihr Leben bestimmt und der alles bereithält, damit sich die Spirale nach oben zu drehen beginnen kann. Ein neues Leben, das so weit entwickelt ist, dass es sich bereits jetzt über diese Ebene erhebt. Der Bestandteil, der nun in Ihre Urzelle einfließen soll ist „die Seele". Sie werden möglicherweise feststellen, dass dieser Anteil bisher gefehlt hat und Sie nun die einmalige Gelegenheit haben, dies zu ändern. Ihre Seele gehört nun noch mit der Göttlichkeit verbunden und in Ihre Urzelle eingebracht, damit sie dort die gesamte Zelle vollständig ausfüllen kann.

Fühlen Sie, wie die Kraft in Ihr ganzes Sein Einzug hält und erfreuen Sie sich an einem völlig veränderten Leben in Einklang mit Ihrer Seele. Wenn Sie im vorangegangenen Kapitel Ihr Ego aus der Urzelle entfernt haben, dann befinden Sie sich bereits in einem Aufzug, der Sie in höhere Erfahrungsebenen führen wird. Sollten Sie Ihr Ego noch nicht liebevoll verabschiedet haben, so lege ich Ihnen sehr ans Herz, dies jetzt zu tun!

Bestandteile des wahren Lebens

In einem Leben bestimmen die Faktoren der Programmierung der Urzelle das gesamte Sein. Das Sein setzt sich aus unzähligen einzelnen Programmen zusammen, die wiederum alle zusammen erst das Ganze ergeben. Ein einzelnes Programm zu verändern, zeigt seine Wirkung, doch die Gesamtheit wird ein einzelnes Programm noch nicht vollständig verändern können. Die Vielzahl der einzelnen Programmierungen setzt vielen Menschen zu, denn sie haben keinen Überblick über all das, was sie prägt und was sie letztlich bestimmt. Das, was einen Menschen ausmacht, ist in diesem Buch beschrieben, denn es geht dabei letztlich um die Liebe und die Göttlichkeit, doch dazwischen gibt es noch unzählige einzelne Details, die erst das gesamte Paket eines Menschen vervollständigen.

Das, was jetzt hier kommt, ist eine Vielzahl von einzelnen Programmierungen, die alle dienlich sind, wenn sie ein Mensch in sich trägt. Alle diese Programme zeichnen einen Menschen aus, wenn er in sich Bescheid weiß, dass er diese in sich aufnehmen kann, sofern sie nicht vorhanden sind. Es folgt nun der Beweis, dass ein Mensch aus vielen einzelnen Teilen besteht. Hier finden Sie Ihre Programme wieder, die Sie bestimmen. Nun können Sie eingreifen und alles definieren, was künftig Ihr Leben bestimmen soll. Sie haben die Wahl zwischen den Polen, denn jeder Bestandteil des Seins hat seinen Gegenpol und es liegt an Ihnen, worauf Sie sich konzentrieren möchten. Sie sind es, der entscheidet, welchem Pol Sie folgen möchten.

Nachfolgend finden Sie alle Bestandteile, die es absolut wert sind, gelistet zu werden, auch wenn sie niemals vollzählig sein können, denn ein Mensch ist so umfangreich zusammengestellt, dass es mehrere Bücher füllen würde, um alle Details einzeln zu behandeln, daher sind Sie auch gefordert, sich selbst zu beobachten und festzustellen, welche Teile in Ihnen prägend sein sollen und welche nicht. Ich sende Ihnen hiermit die klare Aufgabe, sich selbst zu programmieren und alle Bestandteile Ihres Seins vollständig in Frage zu stellen. Sie sollen erkennen, dass Sie es in der Hand haben, zu entscheiden, aus welchen Teilen Sie bestehen. Bestimmen Sie Ihr künftiges Leben und lassen Sie nicht länger zu, dass eine Programmierung, die früher einmal dienlich war, Ihr Leben immer noch bestimmt, obwohl Sie längst über die Erfahrungen von damals hinausgewachsen sind.

Die **Kraft** eines Menschen ist entscheidend, denn ohne sie kann er nichts bewegen. Der Gegenpol ist **Schwäche**, dadurch kann ein Mensch zeigen, was in ihm vorgeht. Ohne Kraft ist ein Mensch schwach und ohne Schwäche kann er nicht existieren, wenn die Kraft in ihm nicht veranlagt ist. Das Leben hat für alles seinen Gegenpol, denn die duale Welt braucht die entgegengesetzte Wirkung. Alles hat seinen Gegner und jeder hat die Wahl, worauf er sich konzentrieren will. Ein Mensch hat die Wahl zwischen den Polen und Sie können jetzt wählen, ob sie lieber stark und kräftig sein wollen oder ob Sie schwach sein möchten. Beides ist möglich, wählen Sie!

Der **Mut** ist ebenso wichtig wie sein Gegenpol, die **Feigheit**, denn das Leben ist entweder so oder so geprägt. Wählen Sie auch hier, was Sie in sich tragen möchten. Das Leben kennt aber auch eine Überbetonung von Mut und wir nenne sie Übermut. Übermut ist ein Wort, das es eigentlich nicht gibt, denn es gibt auch keinen Untermut, doch wir verwenden es, um auszudrücken, dass in uns etwas fehlt. Die den Mut regulierende **Vernunft** ist der Teil, der fehlt. Es gibt in unserem Sprachgebrauch aber auch die **Unvernunft** und diese gibt es sehr wohl auch in unserer Programmierung.

Soweit ein paar Beispiele zur Einführung. Bedenken Sie, dass Sie jeden neuen Bestandteil, den Sie in die Urzelle einbringen, zuvor mit dem passenden Gefühl verbinden und dann den richtigen Ort in der Urzelle definieren oder dem Bestandteil den Auftrag geben, seinen angestammten Platz einzunehmen. Achten Sie immer darauf, dass Sie die maximale Wirkung erzielen, indem Sie alle hinderlichen Glaubensmuster transformieren.

Das, was jetzt kommt, ist ein wesentlicher Bestandteil des menschlichen Seins. Hier finden sie die Bestandteile, die Sie vervollkommnen, die aus Ihnen einen wahren Schöpfergott machen, wenn Sie diese integrieren und die Gegenpole aus Ihrem System entfernen. Das Leben, das jetzt auf Sie wartet, beinhaltet all das. Denn ab sofort werden Sie sich selbst immer den laufenden Begebenheiten anpassen können und Ihr Sein auf alles einstellen können, was auf Sie zukommt. Sie sind jetzt in der Lage, sich selbst so zu programmieren, wie Sie sein möchten. Nichts gibt es mehr, was Sie hindern kann, das zu verkörpern, was tief in Ihnen steckt. Sie sind ab diesem Zeitpunkt genau das, was Sie hier definiert haben.

Bei meinen Recherchen bin ich auf eine Liste gestoßen, die über 1.200 mögliche Eigenschaften eines Menschen aufführt. Darin sind natürlich auch Bezeichnungen enthalten, die eine ähnliche Bedeutung haben und in unterschiedlichen Zusammenhängen verwendet werden. Es versteht sich von selbst, dass darin auch die jeweiligen Gegenpole enthalten sind und dass nicht alle Eigenschaften einem Schöpfergott entsprechen. Ich habe dieser Liste jene Wesenszüge entnommen, die aus meiner Sicht jeder Mensch in sich tragen sollte, der sich anschickt, in die Dimension der Liebe einzuziehen und die entsprechenden Werte verkörpern möchte. Entscheiden Sie selbst, welche Bestandteile Sie in sich aufnehmen möchten und bedenken Sie, die jeweiligen Gegenpole aus Ihrem System zu entfernen.

Viele der nachstehend aufgelisteten Eigenschaften werden samt ihrer Gegenpole bereits in Ihnen veranlagt sein. Prüfen Sie, wie kräftig deren Ausprägung ist und transformieren sie jeden Bestandteil, den Sie behalten oder neu integrieren möchten in Ihrem Herzen. Neu zu integrierende verbinden Sie danach mit dem passenden Gefühl. Danach sorgen Sie für die optimale Platzierung in Ihrer Urzelle. Überprüfen Sie die Ausprägung, die Ihnen der Regler anzeigt. Dabei werden Sie höchst wahrscheinlich auf diverse Glaubensmuster stoßen, die Ihre Eigenschaften in ihrer Wirksamkeit mindern oder Sie am Entfernen der Gegenpole hindern. Sprechen Sie mit Ihrer Seele, um an die dahinterliegenden Muster zu gelangen und diese transformieren zu können!

tatkräftig : abwartend (nicht handelnd)
überlegt : blauäugig
spontan : zögerlich
ruhig : unruhig
friedlich : kämpferisch
aktiv : passiv
analytisch : oberflächlich
tiefgründig : seicht
aufgeschlossen : ablehnend
aufrichtig : unaufrichtig
fair : unfair
kreativ : einfältig
fleißig : faul
feinfühlig : gefühllos
einfühlsam : gleichgültig
flexibel : starr
frei : begrenzt
fröhlich : ernst
geduldig : ungeduldig
liebevoll : kalt
spielerisch : ernst
klar : unklar
einfach : umständlich
großzügig : kleinlich
klug : dumm
sanft : hart
kommunikativ : verschlossen
konkret : unvollständig
kompetent : inkompetent
konstant : schwankend
kontrolliert : unkontrolliert
kooperativ : getrennt
korrekt : unkorrekt
wahrhaftig : nicht im Sein
rational : irrational
sanft, zärtlich : grob

vergebend : verurteilend
vorsichtig : unvorsichtig
wagemutig : ängstlich
barmherzig : unbarmherzig
bescheiden : dreist
kompromissbereit : kompromisslos
glücklich : unglücklich
beständig : labil
lebensfroh : schwermütig
lustvoll : lustlos
verständnisvoll : machtbesessen, ignorant
entschlossen : zögerlich
zuverlässig : unverlässlich
demütig : achtlos
effizient : ineffizient
selbstbestimmt : fremdbestimmt
hemmungslos : verschlossen
herzlich : herzlos
nachsichtig : nachtragend
unabhängig : abhängig
ausgeglichen : unausgeglichen
uneigennützig : eigennützig

Ein Leben braucht viele Bestandteile, damit es aussagekräftig ist. Ein Mensch, der nicht alle Bestandteile, die hier aufgelistet sind, in sich trägt, ist eingeschränkt, denn es fehlen ihm wichtige Bestandteile des Seins. Der Mensch braucht alle seine Bestandteile, denn sie alle zusammen lassen ihn erst vollständig erscheinen. Ist etwas nicht vorhanden, so zeigt sich dieser Mangel in seinem täglichen Erleben und es wird sich immer mehr offenbaren, je stärker der Mangel ist. Hier haben Sie jetzt die Gelegenheit, Ihr Sein zu überdenken und zu überprüfen, welche Bestandteile vollständig in Ihrem Sein vorhanden sind und welche hinzugefügt oder gestärkt werden sollten. Welche Bestandteile in Ihnen vorhanden sind und entsprechend entfernt werden sollten, können Sie ebenso erkennen und auch sofort durchführen.

Und nun ist es soweit, Sie sind voll und ganz in Ihrer eigenen Kraft angekommen und es ist Zeit, das zu leben, was Sie selbst bestimmen. Sie haben alle Eigenschaften in sich, die Sie brauchen, um genau das zu erleben, was Sie selbst gewählt haben. Ab sofort bestimmen nur mehr Sie, was geschieht und niemand anderer sonst. Sie haben jetzt alle Aufgaben erfüllt. Was soll sonst noch passieren, außer dem, was Sie selbst vorgeben?

Das Leben als Ganzes begreifen

An dieser Stelle des Buches kommen wir zu einer ganz besonderen Herausforderung. Hier geht es um das, was einen Menschen vollständig in sein Sein bringt, denn ohne Besonderheiten ist ein Mensch nur ein Mensch und noch nichts Außergewöhnliches. Ein Mann oder eine Frau sind in sich bereits etwas ganz Besonderes. Denn allein der Umstand, dass es sich um ein Geschlecht handelt, ist schon etwas ganz Besonders. Aber erst wenn dieser Mann oder diese Frau eine Besonderheit in sich trägt, die ihn/sie über die anderern entsprechend hinaushebt, erst dann ist dieser Mensch ein außergewöhnlicher.

Ist es erst einmal soweit, dass die Programmierung eines Seins einen Bestandteil beinhaltet, der ganz außergewöhnlich ist, so ist der Mensch für alle anderen von Wert, weil er etwas in sich trägt, das andere gut brauchen können. Dann wird es insofern wichtig, weil diese Besonderheiten nicht für sich selbst alleine gedacht sind, denn alle Besonderheiten sind dazu da, um die Menschheit als Kollektiv zu stützen. Erst wenn alle Besonderheiten zusammenkommen ist das Kollektiv das, was es sein soll. Ein Schöpfer in größtem Ausmaß!

Hier ist die reine Wahrheit zu finden, denn die Menschheit ist das Abbild Gottes und als diese ist die Menschheit im Stande, absolut alles zu erschaffen, das im Sinne der Göttlichkeit vorhanden sein sollte. Ein Mensch ist ein einzelnes Individuum und wenn die Menschen beginnen zusammenzuwirken, dann ist die Menschheit als Kollektiv schöpferisch tätig. Das bedeutet demnach, dass alle Menschen erst einmal in sich selbst zum Schöpfer werden müssen, bis sie zusammen in der Lage sind, ein großer Gott zu sein. Hier ist jetzt die Besonderheit, von der die Rede ist, die jeder Mensch in sich trägt. Alle Menschen haben etwas in sich, das sie ganz besonders auszeichnet und alle Menschen sollten sich auf die Suche machen, diesen Bestandteil in sich zu entdecken und intensiv zum Ausdruck zu bringen. In einem Leben wird es erst dann dazu kommen, dass dieser Bestandteil intensiv zum Ausdruck kommt, wenn dieser ganz bewusst wahrgenommen wird.

Alle Menschen brauchen Zeit, um sich daran zu erinnern, was sie sich mit in dieses Leben genommen haben, um diese Welt zu bereichern. Jeder hat etwas mitgebracht und jeder sollte sich daran erinnern und alles dafür tun, damit dieser Teil von sich in diese Welt gelangt. Damit dies möglich wird, ist es wichtig, dass jeder intensiv auf sein Innerstes achtet und sich fragt: Was ist in mir, das hier in dieser Welt gebraucht wird?

Diese Antwort ist entscheidend, denn diese bestimmt den weiteren Verlauf des Lebens. Jeder, der sich dessen bewusst ist, der wird einen Weg wählen, der ihn letztlich dazu führt, genau das zum Ausdruck zu bringen. In einem Leben kann es aber dazu kommen, dass gewisse Anteile nicht vollständig vorhanden sind, die für den Lebensplan gebraucht werden könnten. Daher ist es wichtig, dass jeder Mensch weiß, dass er sich selbst programmieren und alle Bestandteile hinzufügen kann, die er gerne haben möchte. Jeder ist in der Lage, sich den Teil einzupflanzen, den er gerne leben möchte. Alles geht und alles wird Freude bereiten, wenn man es bewusst betreibt. Hier ist die einfache Anleitung dazu.

Es braucht die Klarheit, was genau an Fähigkeiten, die etwas Besonderes darstellen, in Ihr System eingebracht werden sollen. Werden Sie sich klar, was Sie leben möchten und was Sie dafür brauchen, dann können Sie Ihr System damit bereichern und alle unterstützenden Maßnahmen setzen, die dazu erforderlich sind. Dann braucht es nur noch eines, die Integration in Ihrer Urzelle.

Anhand eines Beispiels ist es wundervoll, dies darzustellen. Ich wähle dazu die Fähigkeit, andere Menschen zu begeistern. Dies ist etwas, was in dieser Welt generell sehr häufig fehlt, denn die Begeisterung für etwas, was sich lohnt, weiter zu verfolgen, fehlt bei ganz vielen Menschen. **„Begeisterung“** ist der Bestandteil, der in die Urzelle eingebaut werden soll. Im Gegenzug sollte die Lethargie entfernt werden. Die Begeisterung ist zwar der Bestandteil, der bei anderen erzeugt werden möchte, doch sollte dieser erst einmal in uns selbst vorhanden sein.

Im zweiten Schritt kommt die nächste Eigenschaft, die sich **„Begeisterungsfähigkeit für andere"** nennt. Dazu ist es jetzt wichtig, dass Sie diese Bestandteile einzeln in die Urzelle integrieren, sofern diese nicht schon voll ausgeprägt vorhanden sind. Dann ist es wichtig, dafür zu sorgen, dass alle anderen Begleitmaßnahmen gesetzt werden, die erforderlich sind, um die Fähigkeit entsprechend zu unterstützen. Dieser Bestandteil braucht etwas Unterstützung, denn alleine wird er noch nicht dazu führen, dass die Begeisterungsfähigkeit in vollem Ausmaß vorhanden sein kann. Ein Leben als Mensch, der in der Lage ist, andere zu begeistern, ist absolut wundervoll. Doch um dies auch zu können, bedarf es einiger zusätzlicher Aspekte des Seins, damit dieser Mensch eben dazu im Stande ist seine Begeisterung für etwas anderen weiterzugeben.

Um begeisterungsfähig sein zu können, braucht es den **„Mut zu begeistern"** und auch die **„Bereitschaft, öffentlich zu etwas zu stehen"**, was man in sich trägt und wovon man überzeugt ist. Ein Mensch ohne diese öffentliche Ausrichtung wird es nicht schaffen, die Massen zu begeistern. Daher braucht er wiederum andere Fähigkeiten, die es ermöglichen, die Begeisterung an möglichst viele weiterzugeben. Ein großer Pianist trägt ja auch eine Menge von unterschiedlichen Fähigkeiten in sich, um dieses Instrument so spielen zu können, dass es ihm selbst und anderen Freude bereitet.

Ein Leben als Mensch, der andere begeistert wird jedoch weitere Bestandteile brauchen, denn es braucht noch etwas Wichtiges, wofür man eintritt. Es braucht Werte! Es braucht etwas, wofür man sich stark macht und etwas, wovon man überzeugt ist, dass es richtig und wichtig ist. Wofür stehen Sie öffentlich ein? Was ist Ihnen im Leben besonders wichtig, wofür Sie sich öffentlich stark machen möchten? Mein Sein ist darauf ausgerichtet, allen zu sagen, dass wir Schöpfergötter sind.

Eine Liste von Prioritäten

Es gibt im Leben Dinge, die sind uns wichtig, doch es gibt noch mehr Dinge, denen schenken wir kaum oder gar keine Aufmerksamkeit. Der Grund dahinter ist die Priorität, die wir den einzelne Bereichen des Seins geben. Vieles genießt in unserem Leben kaum oder gar keine Priorität, andere Dinge hingegen sind uns sehr wichtig, wir schätzen diese sehr und haben Freude, diese zu leben. Doch der einzige Grund, warum wir dies tun, ist der, dass wir dem eine höhere Priorität verleihen als allen anderen Dingen unseres Seins.

Prioritäten sind einfach zu setzen und können auch sofort verändert werden, wenn wir uns anders entschieden haben. Der Verstand hat zwar die Möglichkeit zu entscheiden, ob etwas jetzt wichtig ist oder ob es jetzt Aufmerksamkeit bekommt oder nicht, doch tut er sich schwer, weil er immer und immer wieder aus dem Unterbewussten die Impulse bekommt, etwas zu tun, das eine hohe Priorität genießt. Ein Verstandesmensch hat dadurch immer Probleme, seinen Verstand einzusetzen, weil er viel Kraft darauf verwendet, alles, was wichtig ist, aus seinem Leben auszublenden, doch ist es immer schwierig, genau das zu tun. Ein Verstandesmensch ist begeistert etwas zu tun, doch fällt es ihm schwer, etwas auch zu Ende zu bringen, weil ihn immer wieder andere Dinge aus seinem Sein massiv daran hindern.

Der Grund liegt darin, weil er die Prioritäten nicht bewusst gewählt hat. Dadurch kommen die Impulse aus den Bereichen des Unterbewusstseins immer den vom Verstand kreierten Prioritäten in die Quere. Das Leben braucht diese Prioritätenliste, denn sonst würde es im Sande verlaufen, hätte keine Höhepunkte und keinen besonderen Sinn. Prioritäten haben die Aufgabe, einen Menschen dazu zu bringen, sich auf etwas Besonderes zu konzentrieren. Etwas, das ihn selbst ausmacht, ihn erfüllt und Freude bereitet. Das Leben braucht also Prioritäten, doch viele Menschen haben diese nicht bewusst gewählt und daher verläuft ihr Leben eben genau so.

Sie haben nun die Möglichkeit, selbst zu entscheiden, was in Ihrem Leben eine hohe Priorität genießen soll. Lassen Sie sich Zeit und fertigen Sie eine Liste an, die es Ihnen ermöglicht, genau festzustellen, was Sie in Ihrem Leben an die oberste Stelle setzen möchten. Ist diese Liste vorhanden, so können Sie sich jetzt darum kümmern, die Prioritäten der einzelnen Bereiche zu prüfen. Gehen Sie dazu wie folgt vor:

Öffnen Sie Ihre innere Schau, öffnen Sie Ihr inneres Auge und überprüfen Sie, auf welcher Priorität der einzelne Bestandteil Ihres Lebens steht. Sehen Sie dazu die Liste auf einer Seite und auf der anderen Seite die Anzeige für die Wichtigkeit des einzelnen Bestandteils ihrer Liste. Indem Sie feststellen, welche Priorität die Anzeige anzeigt, können Sie selbst entscheiden, ob Sie damit zufrieden sind, oder ob Sie die Priorität verändern möchten. Alles hat seine Wichtigkeit, doch kann sich diese auch im Laufe der Zeit verändern und es wäre dadurch erforderlich, gewisse Dinge in ihrer Wichtigkeit hinauf oder herunterzufahren.

Sie können selbst wählen, woraus Ihr Leben besteht. Doch möglicherweise haben Sie bislang nicht so bewusst gewählt, als Sie dies hier gezeigt bekommen. Also nutzen Sie die Gelegenheit und erstellen Sie die Liste all jener Bereiche, die Ihr Leben beinhalten soll. Listen Sie alles auf, was in Ihrem Leben eine Rolle spielen soll und entfernen Sie all das, was nicht mehr Teil von Ihnen sein soll. Sie können dies zuvor auflisten und dann die Priorität auf null stellen und schon wandelt sich alles! Das, was in Ihrem Leben eine Rolle spielen soll, braucht höchste Priorität. Daher ist es wichtig, dass Sie die Anzeige überprüfen und wenn diese nicht auf maximaler Leistung steht, dann sollten Sie diese wie folgt verändern.

Stellen Sie die Priorität auf die höchste Stufe und halten Sie die Anzeige dort, während Sie diesen Satz sprechen:

„Ich gebe diese Priorität in meinem Herzen zur Transformation frei."

Dadurch wird die neue Priorität verankert und alles verändert sich grundlegend. Alles passt sich der neuen Stufe an und alles wird auch sofort anders. Alles fühlt sich anders an und entwickelt sich auch anders. Alles in Ihrem Leben zielt darauf ab, dass Ihre Prioritätenliste vollständig erfüllt wird.

Alles, was nicht mehr Priorität in Ihrem Leben haben soll, fahren Sie in der Priorität auf null und sprechen den gleichen Transformationssatz. Dadurch erreichen Sie, dass Ihr Leben eine Kehrtwendung nimmt und alles, was bisher auf diesen Bestandteil konzentriert war, fällt von Ihnen ab. Alles vergeht, was dazu beigetragen hat, dass dies in Ihrem Leben passierte und Sie können nun frei wählen, was stattdessen an diese Stelle treten soll.

Es gibt im Leben jedoch etwas Wichtiges, das Sie auf jeden Fall wissen sollten. Es gibt keine Priorität, die sich irgendwo im Mittelbereich befindet, etwas das weder volle noch keine Priorität genießt. Es gibt keinen Zwischenraum, denn alles, was keine volle Priorität genießt, ist automatisch ohne Priorität! Die Reihenfolge der Wichtigkeit können Sie jedoch wählen, denn es liegt an Ihnen, was Sie in der Rangliste ganz oben hinschreiben. Etwas, das Ihr Leben hauptsächlich bestimmen sollte, das steht an erster Stelle und alle anderen Punkte, die Sie gerne leben möchten, fallen unter diese Rangliste.

Nutzen Sie diese Werkzeuge ganz intensiv und bestimmen Sie, was Ihr Leben alles beinhalten soll. Die Kombination aus Urzellprogrammierung und einer nach Rangordnung sortierten Prioritätenliste ist so wundervoll und vor allem so dermaßen schöpferisch wirksam, dass Sie alles in Ihrem Leben rein damit verändern können. Nutzen Sie darüber hinaus die Werkzeuge, die Sie schon in meinem Buch „Programmcode: Lebenslust & Liebe" kennengelernt haben, um sich von all dem alten Ballast aus früheren Leben zu befreien und schon ist absolut alles möglich. Der Weg zum Schöpfergott ist damit frei - gehen Sie ihn, es ist wundervoll!

Ein Leben hat letztlich zahlreiche Prioritäten, denn es gibt ja vieles, was wir alle erleben möchten. Ihre Liste sollte nun fertig sein und Sie sollten einen Blick darauf werfen, um festzustellen, ob die Rangliste dessen, was Sie erfahren möchten, auch tatsächlich richtig und genau so ist, wie Sie dies haben möchten. Jetzt können Sie noch mehr Kraft in die einzelnen Punkte Ihrer Liste geben, indem Sie das Ritual durchführen, das Ihnen am Ende des Buches aufgezeigt wird. Hier haben Sie die Gelegenheit, alle Kraft, die in ihrem Unterbewusstsein vorhanden ist, auf genau diese Bereiche zu fokussieren, die Sie erfahren möchten. Das Kapitel heißt „Abschlussarbeit".

Grundlagen eines erfüllten Lebens

Es ist wichtig, dass Ihr Leben vollständig erfüllt ist, denn nur so kann es Freude machen. Immer wenn es einen Mangel gibt, dann ist Ihr Leben nicht auf das ausgerichtet, worum es im Leben wirklich geht. Ihre Aufmerksamkeit bleibt daher auf den Mangel gerichtet und nicht auf Ihre Entwicklung zu einem höheren Wesen. Daher ist es von größter Wichtigkeit, alle Mängel, die Ihr Leben aufweist, schnellstmöglich zu beseitigen. Ein Blick in unsere Welt zeigt, dass es bei ganz vielen an dem fehlt, was ein Menschenleben in der Regel erfüllend wirken lässt. Hier haben Sie nun die Möglichkeit, alles hinzuzufügen was bei Ihnen noch fehlt, damit Sie ein glückliches Leben voller Liebe und Freude führen können.

Das Thema Geld ist in unserer Welt mehr als überbetont und dennoch ist es derzeit unmöglich, dieses völlig außer Acht zu lassen. Das Geld bildet einen Kreislauf und nur als Kreislauf ist es zu sehen. Erst wenn der Fluss ins Stocken gerät, wird das Geld zum Problem. Das bedeutet, dass Geld immer im Fluss sein muss, damit es auch seinen Zweck erfüllen kann. Fließt Geld nicht mehr, dann steht das gesamte System und alles bricht zusammen. Daher ist es wichtig, dass jeder versteht, dass es ein Mittel zum Zweck ist und nicht ein Mittel, das man hortet, um es für schlechte Zeiten zu behalten. Geld muss fließen, damit es einen Kreislauf in Gang halten kann, der die Menschen zusammenarbeiten lässt.

Hier ist jedoch das Problem der Welt als Gesamtes begraben, denn damit beginnen die Menschen sich darauf zu fokussieren und können vom Geld nicht mehr ablassen. Doch das ist genau der falsche Teil dessen, was man unter Geld zu verstehen hat. Geld muss in der Regel nur dann vorhanden sein, wenn man etwas anschaffen will und diese Anschaffung braucht eben eine gewisse Summe an Geld. Um diese zu bekommen, muss der Kreislauf in Gang gehalten werden und man muss dafür sorgen, dass es im Fluss durch sein Sein ist. Geld muss durch Ihr Sein fließen und es darf hier zu keinem Engpass kommen, sonst ist hier Ende mit dem Fluss und andere und/oder Sie selbst leiden darunter.

In der neuen Ebene wird es kein Geld mehr geben, das bedeutet, dass hier noch etwas instandgesetzt gehört, damit alles in Ihnen im Fluss bleiben und Geld Sie niemals in Verlegenheit bringen kann. Sie brauchen nur darauf zu vertrauen, dass Geld immer da sein wird und alles ist in bester Ordnung. Hier ist jedoch der Knackpunkt des Systems zu finden. Den Menschen ist das Vertrauen verloren gegangen und kaum jemand vertraut darauf, dass der Fluss dafür sorgen wird, dass alle damit versorgt sind. In unserer Welt ist das System selbst an seine Grenzen gekommen und wird dadurch sein Ende finden, weil der Fluss unterbrochen wurde. Hier ist das Ende des Flusses und immer wenn eine Staumauer aufgebaut wird, dann erstickt alles Leben, das sich im Fluss unterhalb der Staumauer befindet. Wenn Sie ein Teil des Systems sind, dann haben Sie dafür zu sorgen, dass es keinen Stau mehr gibt und lassen alles durch Sie fließen, als wäre es nicht existent. Es ist ein ständiges Kommen und Gehen und niemals wird es sich etwas länger aufhalten, als unbedingt erforderlich.

Hier beginnt nun das Leben eine Wendung zu nehmen, denn das Vertrauen kehrt zurück und indem sie das **„Vertrauen darauf, dass das Leben alles bereithält“** in Ihre Urzelle integrieren, wird der Strom niemals versiegen. Denken Sie daran, diesen neuen Bestandteil zuvor im Herzen zu transformieren, bevor Sie diesen mit der Liebe und der Göttlichkeit verbunden in Ihre Urzelle einbringen. Dieser Bestandteil Ihrer Programmierung wird sie dann vollständig umhüllen und alles ist und bleibt im Fluss.

Hierin besteht nun die Aufgabe der gesamten Menschheit, genau das zu erschaffen, worum es im Leben geht. Es geht um die Beständigkeit der Schöpfung, die aus dem Sein der Menschheit hervorgeht. Ist diese Programmierung in allen Menschen vorhanden, so kann es keinen Mangel mehr geben! Es ist traurig, aber es ist wahr, die Menschheit vertraut sich nicht und sie vertraut ihrer Seele nicht und sie vertraut auf absolut gar nichts, denn es ist ja nicht normal, dass man sich nicht um sein Leben kümmert und darauf vertraut, dass sich alles von selbst ergibt. Dies ist ungewohnt und dafür sind auch verschiedene Programme verantwortlich, die den Menschen zum Sklaven des Systems machen. Hier ist die Lösung, denn durch die Transformation dieser Glaubensmuster kann alles wieder in Fluss kommen.

- Geld muss ich horten.
- Geld ist niemals genug.
- Geld werde ich niemals genug haben.
- Niemals ist es mir möglich, aus dem System auszusteigen.
- Ich bin in diesem System gefangen.

Ist diese Voraussetzung geschaffen, so kann die Programmierung in Ihrer Urzelle erfolgen und alles kommt in Fluss. So wie alles in dieser Ebene etwas Zeit in Anspruch nimmt, um sich in der Materie zu manifestieren, braucht es auch etwas Zeit, bis sich Ihr Leben vollständig umstellt und alles in Fluss kommt. Doch die Grundlage dafür tragen Sie nun in sich und Ihre Schöpfermacht wird dafür sorgen, dass Sie aus dem System befreit werden. Sie müssen es nur zulassen und den Dingen folgen, die auf Sie zukommen und sich im Herzen richtig anfühlen!

Unterstützen können Sie diese Programmierung, indem Sie in Ihrer Urzelle nach dem Bestandteil **„Geld“** suchen. Wenn Geld in Ihrem Leben knapp ist, werden Sie dieses möglicherweise sogar außerhalb Ihrer Urzelle finden. Transformieren Sie diesen Bestandteil im Herzen und sorgen Sie dafür, dass es in der Urzelle den Raum zwischen Ihrem Körper und der Zellwand ausfüllt. Wenn jetzt noch der Regler auf voller Kraft steht, dann wird Ihnen Geld immer in dem Maße zur Verfügung stehen, wie Sie es für Ihre Zwecke und Ziele benötigen.

Das Leben ist voller Überraschungen, auch in Bezug auf das Geld. Geld ist normalerweise nicht wirklich wichtig, wenn es denn im Fluss ist. Doch viele Menschen haben dem Geld eine hohe Priorität gegeben und daher sind sie darauf aus, sich pausenlos mit Geld zu beschäftigen. Geld braucht aber keine Priorität, denn Geld ist eine automatische Angelegenheit, wenn das Vertrauen da ist, dass immer alles vorhanden sein wird und die materielle Fülle dafür sorgt, dass über Geld auch materielle Wünsche erfüllt werden. Überprüfen Sie, welche Priorität Sie dem Geld gegeben haben und korrigieren Sie diese gegebenenfalls.

Als zusätzliche Unterstützung empfehle ich Ihnen die **"materielle Fülle"** und den **„Geldfluss"** ebenso in Ihre Urzelle einzubringen und an demselben Ort wie das Geld zu verankern, damit sich diese Bestandteile verbinden können. Dann kann so gut wie gar nichts mehr schiefgehen und Ihr Leben verläuft in sicheren Bahnen.

Das Leben braucht immer einen Anlass, damit es sich weiterentwickeln kann, doch dieser Anlass sollte nicht der Zufall sein, sondern der Mensch selbst. Ist ein Mensch proaktiv, dann kann er alles selbst in die Hand nehmen und er wird nicht mehr gesteuert werden. Das neue Leben, das daraus entsteht, ist ein ganz anderes und es fühlt sich völlig anders an, denn es gibt den Zwang nicht mehr, den so viele Menschen tagtäglich verspüren. Es ist ein freies Leben, in dem jeder selbst bestimmt, was er erleben will und was nicht. Ein Leben in der Fülle, geprägt von Freude und geprägt von allem, was das Herz begehrt. Ein Leben voller Demut und trotzdem in absoluter Fülle, denn es gibt dann keinen Mangel mehr. Das Leben ist voller Freude auf alles, was kommt, denn es gibt keine Angst mehr, und das Leben ist dann voller Demut im Sinne von Vorfreude auf alles, was die Menschheit erfahren kann, wenn sie soweit gekommen ist, dass sie all dies versteht, wie das Leben hier funktioniert.

Das Zauberwort ist demnach **Proaktivität**! Dieses Programm sollten Sie jetzt in Ihre Urzelle einbringen, sofern es nicht schon vorhanden ist und Sie sollten danach trachten, dass dieses Programm auf voller Leistung für Sie arbeitet. In Ihrem Innersten schlummern jedoch unbemerkt einige Spielverderber, die dafür sorgen könnten, dass Sie lieber abwarten und den Dingen ihren Lauf lassen, sich dem Zufall auszuliefern und lieber auf das reagieren, was auf Sie zukommt. Doch sind die Erfahrungen, die daraus entstehen, meistens zu den schmerzvollen zu zählen und ich gehe davon aus, dass Sie dies bestimmt nicht länger erfahren möchten. Diese kollektiven Glaubenssätze sind die Hauptverantwortlichen.

- Das Leben muss weh tun.
- Das Leben muss auf jeden Fall schmerzhaft verlaufen.

5. Sexualität als Basis für alles was ist

Sexualität als Grundlage des Lebens

Ein Leben ohne Sexualität ist unmöglich. Niemand ist frei von Sex, denn das Leben beginnt mit dem Sex der Eltern. Das Kind ist bereits im frühen Alter damit konfrontiert, sexuelle Gefühle zu entwickeln. Ein Leben ohne Sex ist für ein Kind unvorstellbar, auch wenn Sex von vielen Religionen als Verdammnis angesehen wird. Sex ist Leben und jeder Mensch ist purer Sex. Ist ein Mensch geboren worden, so hat er sich für ein Leben mit der Sexualität entschieden.

Im zarten Kindesalter bin ich erstmals mit gelebter Sexualität konfrontiert worden. Ich bin an einem Wochenende morgens aufgewacht und vernahm aus dem Schlafzimmer meiner Eltern seltsame Geräusche. Es hörte sich im ersten Moment so an als würde meine Mutter Schmerzen erleiden und ich wollte der Sache auf den Grund gehen, um ihr eventuell hilfreich zur Seite stehen zu können. Es ist ja das Natürlichste der Welt, dass sich ein Kind um das Wohlergehen seiner Mutter sorgt. Unsere beiden Zimmer waren über einen Balkon miteinander verbunden. Ich öffnete meine Balkontüre und ging zur Türe meiner Eltern, um einen Blick in deren Schlafzimmer zu werfen. Ich sah meinen Vater auf meiner Mutter liegen, während er ihr kräftige Stöße mit seinem Becken versetzte. Ich war noch klein und hatte keinerlei Ahnung von Sex und war im ersten Moment etwas schockiert. Ich hatte ein schlechtes Gefühl dabei und spürte, dass irgendetwas von dem, was meine Eltern da tun, nicht in Ordnung sei. Ich hatte jedoch nicht den Mut, mich bemerkbar zu machen und etwas zu unternehmen.

In diesem Moment meldete sich meine Grundprägung, die ich von Geburt an mitgebracht habe, die Sex als etwas Abstoßendes bezeichnete. Unbewusst verurteilte ich meine Eltern und schämte mich dafür, was ich gesehen hatte. Ich durfte erst viel später lernen, was Sex in Wirklichkeit bedeutet.

Ein Leben ohne Sex ist zwar nicht vorstellbar, doch wenn man als Kind bereits stark geprägt ist, dann ist Sex immer etwas anderes, als man sich vielleicht als Kleinkind vorgestellt hat.

Sex ist für viele Kinder nicht einfach zu verstehen, da das was sie sehen und das was sie bei dem Anblick fühlen, nicht miteinander übereinstimmt. Sie haben hier eine Diskrepanz zwischen ihren Gefühlen und ihrer eigentlichen Ausrichtung. Ein Paradoxon, das in uns angelegt wurde und dringend gelöst werden sollte.

Ist ein Kind erstmals mit Sex konfrontiert, bleiben gewiss Eindrücke zurück, die sein weiteres Leben zumindest in der ersten Beziehung prägen werden. Ist es erst einmal dazu gekommen, so ist das Bewusstsein des Menschen gefordert, sich auf das Leben neu einzustellen, denn viele Illusionen von der heilen Welt werden dadurch zerstört. Es gibt demnach etwas, das wie ein großes Tabu über dem Leben hängt, es begleitet, obwohl niemand genau darauf hinsehen möchte. Durch die Konfrontation mit dem Sex ändert sich das Leben grundlegend. Es ist dadurch enttabuisiert worden und es ist dabei etwas Großes freigeworden, denn die eigentliche Kraft des Lebens entspringt aus der Sexualität der Menschen. Diese Kraft ist für niemanden erreichbar, wenn er sich nicht zu seiner Sexualität bekennt. Niemand wird die Kraft des Sex in sich aufnehmen können, wenn er nicht annimmt, dass er ein sexuelles Wesen ist. Dies betrifft alle Menschen, auch wenn viele nicht darüber sprechen.

Ein Leben ändert sich, sowie es von Sex geprägt wird. Alles verändert sich, denn Sex ist die größte Kraft des Menschen, auch wenn diese immer noch so sehr in den Hintergrund gedrängt wird. Die Kraft der sexuellen Anziehung ist für uns alle so stark, dass niemand daran vorbei kommt. Ist es erst einmal dazu gekommen, so will man einfach immer mehr davon erfahren. Die Kraft der Anziehung des anderen Geschlechts ist magisch und alle magischen Dinge des Lebens fesseln uns.

Ist Sex dann endlich das Thema schlechthin geworden und er darf gelebt werden, so ist dann bald festzustellen, dass es gewisse Gründe gibt, warum man Sex hat und noch mehr Gründe, warum man ihn nicht möchte. Ist das der Fall, dann werden jene Prägungen wirksam, die wir aus den früheren

Leben in uns tragen. Die Sexualität ist immer schon das Thema des Lebens gewesen, doch haben die wenigsten Menschen gelernt, damit richtig umzugehen. Es ist daher wichtig, dass alles genau geprüft wird, was Sex betrifft, damit festgestellt werden kann, warum Sex da und dort nicht so funktioniert, wie er eigentlich aus dem Herzen gewünscht wird.

Sex ist aus Sicht der meisten Menschen normalerweise eine rein körperliche Angelegenheit, damit die Befriedigung ermöglicht wird, doch wahrer Sex ist eine seelische Angelegenheit, die im Normalmaß nicht dazu führt, dass rein das Körperliche befriedigt, sondern die Herzensebene ebenso wie die Seelenebene miteinander verschmolzen werden. Das ist wahrer Sex, doch den kennen die meisten Menschen nicht. Das Leben wäre ohne Sex ärmlich, denn es fehlte das Wichtigste im Leben! Ist Sex Bestandteil eines Lebens, so gibt es darin vieles zu erkennen. Die meisten Menschen erkennen nur die Macht, die sie darüber ausüben können oder der sie unterliegen. Sex als Instrument der Macht, wird niemals zu dem Ergebnis führen, als wenn Sex als das Heiligste betrachtet wird, das Mann und Frau miteinander erreichen können.

Sexueller Missbrauch und Machtausübung durch Sex sind mir bereits bei meiner ersten Partnerin begegnet. Sie wurde von ihrem Stiefvater missbraucht und brauchte lange Zeit, um sich für eine sexuelle Beziehung zu öffnen. Wie ich im Laufe meines Lebens und wechselnden Beziehungen erfahren durfte, ergeht es weitaus mehr Frauen als man annimmt sehr ähnlich. Sie haben Sex in Verbindung mit Machtmissbrauch erlebt und sind daher für ihr Leben und die Folgeleben entsprechend geprägt. Sie finden nur schwer zur wahren Erfüllung, die uns allen die Sexualität zu geben im Stande ist.

Aber auch zahlreiche Männer sind davon betroffen, denn auch Männer waren in früheren Leben als Frauen inkarniert und/oder haben ihre Erfahrungen mit Missbrauch gemacht. Somit sind wir wieder bei den Prägungen angelangt, die wir seit Anbeginn des Lebens in dieser Ebene in uns tragen. Das Leben ist ohne Sex nicht vorstellbar, doch die Gesellschaft und die Religionen sowie die Prägungen durch unsere Erfahrungen und das Vorleben unserer Eltern sind entsprechend darauf aus, uns den Spaß am Sex zu verderben. Männer wie Frauen erhalten dadurch ein völlig falsches Bild von Sex und führen ein enorm eingeschränktes Sexualleben.

Männer tragen meist die Last in sich, die Frau beim Sex unbedingt befriedigen zu müssen, ihr einen Orgasmus zu bescheren, damit sie ihm sagen kann, dass er ein guter Liebhaber ist. Viele Frauen hingegen haben wenig Lust auf eine sexuelle Begegnung, geben dem Druck der männlichen Seite jedoch nach und lassen den Sexualakt über sich ergehen, um dem Mann seine Befriedigung zu ermöglichen. Viele Männer setzen ihren Willen öfter als vermutet auch gewaltsam durch. Die Männer werden oftmals pauschal dafür verurteilt, doch auch Frauen benutzen Sex als Mittel zum Zweck, um die Männer gefügig zu machen. Auch dies ist sexueller Missbrauch, wenn auch auf eine sehr subtile Art und Weise.

Wahre Befriedigung und ein genussvoller Orgasmus bleiben einem hohen Prozentanteil der Frauen verwehrt, unzählige brauchen viele Jahre, um ihren ersten Orgasmus überhaupt zu erleben. Das Sexualleben der Menschheit ist sehr viel mehr gestört, als die meisten vermuten. In Mitteleuropa werden in der Regel Beziehungen aus Liebe eingegangen, doch in weiten Teilen der Welt gibt es die Zwangsheirat, in der Liebe keine Rolle spielt und Sex als eheliche Verpflichtung angesehen wird. Welche Auswirkungen dies auf die Prägung unseres Bewusstseins hat, können Sie sich bestimmt gut vorstellen. Zusammenfassend kann behauptet werden, dass unser aller Sexualleben gestört und weitab von dem angesiedelt ist, wozu Sex vorgesehen wäre.

Ist es erst einmal dazu gekommen, dass Sex ein Problem aufwirft, ist er bereits verloren. Kein Mensch ist frei für Sex auf höchster Ebene, wenn er in sich Prägungen vorfindet, die ihn daran hindern, das Leben in vollen Zügen und völliger sexueller Freiheit zu genießen. Wenn das der Teil ist, von dem wir hier sprechen wollen, so können Sie sich darauf einstellen, dass auch Sie einen Bestandteil in sich finden werden, der auf gar keinen Fall positiv für freien Sex wirksam ist. Im Anschluss finden Sie viele Bestandteile Ihres Seins, die darauf aus sind, Ihnen den Sex zu vermiesen. Die Programmierungen, die jeder Mensch in sich trägt, die erfülltem Sex im Wege stehen, sind zahlreich. Diese Bewusstseinsfelder sind genauer zu betrachten, denn dahinter verbergen sich große Potentiale, die Sie nun für sich erschließen können.

Das Leben mit freiem, erfülltem Sex unterscheidet sich grundlegend von dem, was Sie bisher gelebt haben. Das Leben ist erst vollständig und macht erst dann vollständig Sinn, wenn ein Mensch mit seinem Partner, seiner Partnerin die volle Freiheit in der Sexualität erleben kann. Zuvor ist das Leben nur halb, denn es fehlt der wichtigste Bestandteil, den es jetzt zu entdecken gilt.

Ihr Leben wird erst vollständig werden, wenn Sie in Ihrer Urzelle überprüft haben, ob der Bestandteil „**Sex**" vollständig ausgeprägt in Ihnen vorhanden ist. An dieser Stelle ist es ratsam, all Ihre Erlebnisse, die mit Sex ohne Liebe in Verbindung stehen, zu heilen. Das betrifft dieses Leben und auch alle früheren Inkarnationen, die Ihnen Ihre Seele aufzeigen wird, wenn Sie darum bitten. Nutzen Sie die genialen Werkzeuge, die Sie in „Programmcode: Lebenslust & Liebe" im Detail vorgestellt bekommen, um alle traumatischen Erlebnisse zu heilen und durch einen Ausflug in Ihr Unterbewusstsein die Verknüpfungen mit früheren Leben aufzuspüren und im Herzen zu transformieren. Sie werden überrascht sein, was Ihnen dabei alles begegnet. Alle Verletzungen und schmerzhaften Erfahrungen können jetzt sofort und für immer beseitigt werden!

Der Sex ist aber nur ein Teil der Sexualität, denn diese setzt sich auch aus anderen Komponenten zusammen, die nicht minder wichtig sind. Sex ist der Teil, der das Körperliche abdeckt, doch der Teil, der dazu noch fehlt ist die Liebe, denn Sex ist Liebe. Wenn Sex in Liebe gewandelt wird, dann verliert er alle Anhaftungen aus früheren Leben, die er in sich trägt. Liebe ist der Teil, der absolut alles heilen kann, sofern sie vollständig ausgeprägt ist. Doch die Liebe an sich heilt noch nichts, sofern die Absicht dahinter nicht vorhanden ist. Die Absicht der

Heilung im Sex ist das Wesentliche, um das es hier geht. Hier ist der Punkt, um den es sich beim Sex vordergründig dreht, denn Sex ist Liebe und Liebe gepaart mit der Absicht der Heilung ist das Wichtigste, was ein Mensch erfahren kann, wenn er einen Partner hat, mit dem er Sex haben kann, um sich selbst und seinen Partner zu heilen.

„Sex als Heilung" heißt der Bestandteil Ihrer Urzelle, den Sie auf jeden Fall verankert haben sollten, damit der Sex das wird, was er vordergründig sein sollte. Er ist die heilende Liebe von all dem Schmerz und allen anderen negativen Einflüssen auf das Leben. Liebe und Schmerz sind sich sehr nahe, denn die Liebe heilt den Schmerz und der Schmerz war das Abhanden sein von Liebe. Die Liebe heilt alles, was der Schmerz vertreibt. Das Abhanden sein von Liebe ist der Auslöser, dass Situationen entstehen, in denen jemand Schmerz empfindet. Diese Grundalge gilt es zu heilen, denn so viele Situationen sind entstanden, die das Leben schwierig gestalten und uns als schmerzhaft empfinden lassen. Liebe und Sex sind demnach die zwei heilenden Instrumente, die ein Mensch zur Verfügung hat.

Ich gehe davon aus, dass auch Sie diesen Bestandteil erst neu in Ihre Urzelle einbringen müssen und aller Voraussicht nach werden auch Sie feststellen, dass die Ausprägung dieses Programms nicht sofort vollständig gegeben ist. Der Hintergrund dafür sind kollektive Muster, die in uns allen vorhanden sind. Hier finden ganz viele Menschen die Ursachen für vieles, was sie bisher vermisst haben.

- Ich kann Liebe und Sex nicht verbinden.
- Ich kann dem Sex keine Liebe abgewinnen.
- Ich werde Sex und die Liebe niemals zusammen erwähnen.

Im Idealfall sollte das Programm „Sex als Heilung" nun die volle Entfaltung in Ihnen genießen. Prüfen Sie den Pegelstand auf Ihrem Regler für diesen neuen Bestandteil Ihres Seins. Auch hier gilt wieder, sollte dieser noch immer nicht auf voller Kraft stehen, so befinden sich in Ihrem Unterbewusstsein weitere

Überzeugungen, die der heilenden Wirkung des Sex entgegenstehen. Ihre Seele wird Ihnen diese bewusst machen, fragen Sie danach!

Sex ist ein wichtiger Bestandteil des Lebens und jeder Mensch, der keinen Sex hat, der wird in seinem Leben niemals wirklich glücklich sein. Viele mögen glauben, dass sie auch ohne Sex glücklich sein können, doch diese Menschen kennen das wahre Glück noch nicht. Hier folgt nun der Bestandteil, der das Leben ohne Sex nicht mehr interessant macht, denn es ist ein Bestandteil der viele dazu bringt, dem Sex zu entsagen. Hier ist der Teil, der das Leben als Einzelner sieht und nicht als Paar. Erst ein Paar ist in der Lage Sex zu haben, denn Sex ist ein Austausch von Liebe zwischen zwei Menschen. Ein Paar ist dazu im Stande, ein Einzelner hingegen nur sehr bedingt, denn die Liebe, die er zum Fließen bringen kann ist vergleichsweise gering, wenn er sich darauf konzentriert, doch das Paar kann die Liebe zwischen den Polen fließen lassen. Der Teil in Ihnen nennt sich **„Einzeln"**. Dieser Teil sollte durch den Bestandteil **„Paar"** ersetzt werden.

Integrieren Sie dazu zuerst das neue Programm „Paar", indem Sie dieses wieder außerhalb der Urzelle parken, im Herzen transformieren, mit der Liebe und der Göttlichkeit verbinden und dann in Ihre Urzelle einbringen und dort in Ihrem Herzen verankern. Als nächster Schritt steht die Entfernung von „Einzeln" an, doch werden Sie möglicherweise feststellen, dass sich dieser Teil nicht entfernen lässt. Dafür verantwortlich sind diese Glaubensmuster:

- Ich werde immer einzeln durchs Leben gehen.
- Ich bin einzeln geboren und werde auch einzeln sterben.
- Ich kann in dieser Zeit nur einzeln vorankommen.

Erst jetzt lässt sich dieser Bestandteil aus Ihrer Urzelle entfernen und mit dem „Strahl der Liebe und der Vergebung", aus Ihrem Herzen kommend, vollständig auflösen.

Das Leben auf der Erde ist in vielerlei Hinsicht paradox. Denn in unserem Bewusstsein sind Dinge abgespeichert, die uns als

Mensch einzeln und verletzlich erscheinen lassen und die dazu führen, dass wir im Leben auf Ereignisse stoßen, die als Mensch, der seinen Sex und die Göttlichkeit vollständig ausgeprägt hat, niemals passieren würden. Doch letztlich war dies ja genau das Ziel dieser Programmierung, damit wir Dinge erfahren können, die sonst unmöglich gewesen wären. Das Leben hier war und ist ein Experiment, doch dieses geht nun seinem Ende zu und wir kehren wieder zu unserer Göttlichkeit zurück. Mein Leben und auch das Ihre sind so geprägt worden, doch wir beide haben jetzt die Gelegenheit, dies für immer zu verändern und von nun an nur mehr die Göttlichkeit zu erfahren.

Ist das Leben an diesem Punkt angekommen, an dem es sich voll und ganz auf die Liebe zu konzentrieren beginnt, so ist es auch an der Zeit, weitere Hindernisse zu beseitigen und das Leben wirklich lebenswert zu machen. Hier ist der Punkt, an dem ich Ihnen präsentiere, was in Ihnen steckt, das Sie nicht vollständig aufblühen lässt und das Sie daran hindert, das Leben in vollen Zügen zu genießen. Leben bedeutet Liebe und Liebe ist Sex. Sex ist Heilung und Heilung ist Aufstieg. Der Teil, der das Leben hier noch festhält, ist der Teil, der auch Sex nicht gedeihen lässt, wie er entsprechend vorgesehen wäre. Das Leben brauchte diesen Teil, damit es diese Erfahrungen anstreben konnte, doch das Leben nimmt nun eine Kehrtwendung und es geht zurück in die Liebe. Hier steht das Programm, das all dies noch verhindert. Es heißt **„Leben im Einklang mit der göttlichen Einheit"**.

Hier steht das Programm, das Sie nun wie gewohnt integrieren sollten. Doch das bedeutet, dass Sie auch ein anderes Programm dadurch ersetzen sollten und dieses Programm heißt **„Leben außerhalb Gottes"**. Hier finden Sie auch die Ursachen, weshalb Sie dieses Programm nicht sofort aus Ihrer Urzelle entfernen können.

- Das Leben ist immer von Gott getrennt.
- Niemals kann ich die Göttlichkeit wiederfinden.
- Das Leben mit Gott ist nicht erstrebenswert.
- Niemals kann ich Gott in mir finden.

Von nun an wird es niemals wieder dazu kommen, dass Sie sich verirren, denn der Weg zu Gott ist nun in Ihnen geebnet. Sie sind am Weg in die Einheit und diese Einheit beginnt mit Ihrem Partner / Ihrer Partnerin und er beginnt mit Sex.

Auf diesem Weg wird Ihnen jedoch noch ein Bestandteil begegnen, der in Ihnen eine Frage aufwerfen wird. Dieser Bestandteil ist dafür verantwortlich, dass Sie sich bisher davon haben ablenken lassen, was der wirklich einzige Weg ist. Hier finden Sie den Bestandteil Ihres Seins, der Sex verheimlicht, Sex als etwas Abstoßendes diskriminiert und Sex als das dargestellt hat, was er heute in unserer Welt ist. **„Sex ist nicht Liebe"**.

Indem Sex nicht mit Liebe gleichgestellt wird, ist er auch keine Liebe, sondern einfach nur Sex als Druckmittel und als Machtmittel, um seinen Willen durchzusetzen und seine Befriedigung zu erhalten. Hier ist die Ursache dafür zu finden, dass diese Welt Sex in all seinen Facetten als Schande ansieht und dass er selbst von vielen weisen Menschen als Last erkannt wurde. Das Leben mit Sex ist daher ebenso wie auch ohne Sex nicht wirklich interessant, denn es gibt einen Widerspruch in uns Menschen, und dieser drückt sich in diesen Glaubensmustern aus.

- Ich kann ohne Sex nicht leben.
- Niemals wird Sex möglich werden.

Hier folgen nun noch die Glaubensmuster, die dafür sorgen, dass sich dieser Bestandteil nicht aus Ihrer Urzelle entfernen und vollständig auflösen lässt.

- Ich werde auf Sex ohne Liebe nicht verzichten.
- Ich werde auf Sex ohne Liebe in diesem Leben nicht verzichten können.

Hier haben sie nun die Gelegenheit, Ihr Leben vollständig umzustellen und Sex als wichtigsten Bestandteil zu definieren. Sex ist Leben, Sex ist Liebe und Liebe ist Gott und Gott heißt die Liebe im Sex auszudrücken. Hier ist das Leben nun an der Stelle angekommen, an der Sex das Leben vollständig einnimmt und die Liebe dadurch das gesamte Leben zu bestimmen beginnt. Sex ist das Leben selbst und ohne Sex ist das Leben nichts. Liebe und Sex stehen somit auf einer Ebene, doch Liebe und Sex werden das Leben erst ausfüllen, wenn der Sex vollständig geheilt ist. Und das betrifft zahlreiche Bereiche des menschlichen Seins, die alle zusammen Heilung brauchen, bevor der Sex seinen wahren Stellenwert einnehmen kann. Hier an dieser Stelle folgt erneut die Aufforderung an Sie, alle Ihre Erlebnisse entsprechend Revue passieren zu lassen, damit Sie Ihre Sexualität vollständig heilen können. Jetzt haben sie die Gelegenheit, alles was Sie bereits wissen, in sich zu vereinen und alles, was Sie daran hindert, loszulassen.

Ihr Leben steht an einem Wendepunkt und es beginnt sich völlig neu zu formieren, damit Sie erkennen können, was das Leben an sich überhaupt bedeutet. Leben bedeutet Sex auf höchster Ebene zu erfahren und Liebe bedeutet Sex in sich aufzunehmen und gemeinsam eine Vereinigung herbeizuführen, die dazu führt, dass alle Themen, die in Ihnen nicht in Ordnung sind, in Ordnung kommen. Heilen Sie sich und ihren Partner, damit die Liebe in Ihnen keimen kann und daraus die größte Macht entsteht, die ein Mensch in sich tragen kann. Die Macht des Schöpfers ist die Basis auf der Mann und Frau, weiblich und männlich zusammenkommen, um das Leben in seine schönsten Bahnen zu lenken. Hier finden Sie die Basis für die Kraft, die ein Schöpfer in sich trägt, denn ohne Sex kein Schöpfertum. Liebe ist die Basis des Lebens, Sex in Liebe ist die Basis des Schöpfers, denn nur in Liebe vereinte Menschen können das, was einen Schöpfer ausmacht auch wirklich erleben. Niemand auf dieser Ebene sollte anders leben, als die Liebe zu zelebrieren und seine Liebe mit der seines Partners zu vereinen, denn dies bedeutet, das Leben zu zelebrieren.

Liebe und Leben und Sex sind eine Einheit, die nicht zu trennen ist. Ist sie nicht vereint, dann kann ein Leben nicht funktionieren und es ist nur halb gelebt. Liebe ist das Leben und jeder, der nicht lebt, der kann die Liebe auch nicht erfahren. Daher braucht der Mensch die Liebe, um überhaupt existieren zu können. Ohne Liebe ist ein Mensch nicht existent, niemand kann ohne sie sein und die Liebe kann auch nicht ohne den Menschen existieren, denn die Liebe ist die Basis allen Lebens, alle Lebewesen brauchen diesen Bestandteil, denn sonst vergeht das Leben.

Liebe kann gar nicht anders, sie muss sich verbreiten. Das ist ihre Bestimmung, doch ein Großteil der Menschen hat es geschafft, die Liebe weitgehend aus ihrem Leben auszusperren und Sex rein auf der Ebene des Körpers zu betreiben, um den Frust, den sie in sich tragen, nämlich ein Leben ohne Liebe führen zu müssen, ertragen zu können. Leben ohne Sex ist daher auch nicht die Lösung. Doch die Liebe im Sex zu ertränken, wie es hinlänglich praktiziert wird, ist auf gar keinen Fall die Lösung für das Leben. Hier ist der Wendepunkt des Leben als Mensch in dieser Ebene. Sind die Liebe und der Sex wieder vereint, dann entsteht daraus eine neue Welt!

Der Mensch braucht Sex, um zu überleben

Mein Leben ist auf jeden Fall ein sehr sexuelles, denn die Sehnsucht nach einer Partnerin, mit der das Höchste auf Erden erlebt werden kann, ist in mir tief präsent. Das bedeutet nicht, dass es mir wichtig ist, möglichst viel Sex zu haben oder möglichst viele Partnerinnen zu haben, mit denen ich Sex haben kann, sondern es bedeutet etwas ganz anderes. Mein Leben bedeutet daher die Suche nach allen Möglichkeiten, die der Sex beinhaltet, denn darin verbergen sich viele neue Möglichkeiten, die die meisten Menschen nicht kennen.

Mein Sex sollte ganz anders sein, als der, den ich bisher kennengelernt habe. Ich suche nicht, denn Sex ist nur zu finden, wenn man dazu die Bereitschaft in sich trägt. Dies ist das Thema des Menschen schlechthin, denn die Bereitschaft, sich für den wahren Sex zu öffnen, ist das Hauptproblem der Menschheit. Sie sehen alle anders aus und sie sprechen auch alle anders und sie haben auch andere Ziele als ich, doch jeder Mensch ist vielleicht genau gleich in Bezug auf das, was er in sich trägt. Denn Sex ist überall das Gleiche, denn Sex ist Göttlichkeit und die Göttlichkeit schreit danach, Gehör zu finden und gelebt zu werden. Mein Leben sehnt sich nach der Göttlichkeit und diese habe ich in mir.

Ist man an dem Punkt angekommen, dass man die Liebe und die Göttlichkeit in sich sucht, dann hat der Mensch an dieser Stelle etwas Großes geschaffen. Die Bereitschaft, das zuzulassen, was der Sex ermöglicht. Sex ist Liebe und Liebe ist Göttlichkeit und Göttlichkeit ist das Einzige, was sich lohnt, dauerhaft anzustreben. Liebe ist der Teil in mir, den ich im Sex finden kann. Doch der Sex, den ich hier meine, ist ein ganz anderer, als der, den die meisten Menschen praktizieren. Ich bin nicht süchtig nach Sex, sondern sehnsüchtig nach meiner Göttlichkeit. Meine Sehnsucht nach Liebe im Sinne meiner Göttlichkeit ist etwas ganz anderes, als hinlänglich darunter zu verstehen ist.

Liebe ist der Teil, der mich nährt, denn alles andere kann mich nicht dauerhaft nähren. Alles ist vergänglich, doch die Liebe ist der einzige Teil in mir, der mich dauerhaft mit allem versorgt, was ich für mein Leben brauche. Sex auf höchster Ebene spendet so viel Lebensenergie, dass er die Lebenserwartung deutlich erhöht. Ich spreche nicht von ein paar Jahren, sondern von vielen Jahrzehnten und Sex bestimmt auch die Lebensqualität, mit der man diese Extra-Zeit erfährt. Ist der Teil gefunden, der das Leben nährt, so ist das Leben ein ganz anderes. Ein Leben mit Sex im Sinne der höchsten Heiligkeit ist das Schönste, das ein Mensch erfahren kann. Sex als Anker für die Göttlichkeit ist wunderschön.

Mein Leben hat sich an dieser Stelle grundlegend gewandelt, denn ich durfte hier an diesem Punkt des Buches eine Erfahrung machen, die es mir ermöglichte, diesen neuen Weg der Sexualität zu öffnen. Die Voraussetzung dafür war, dass ich zugelassen habe, dass in mir eine Veränderung passiert. Diese Wandlung ist geschehen und ein neuer Mensch ist geboren worden. Ich habe mich für all das geöffnet, was hier in diesen Zeilen geschrieben steht. Meine Seele forderte mich auf, alles zuzulassen, was jetzt in mir geschehen mag. Nachdem ich im Vorfeld all meine Altlasten aus früheren Leben, die mit Sexualität in Verbindung stehen, geheilt habe und auch in diesem Leben alle negativen sexuellen Erfahrungen durch aktive Transformationsarbeit hinter mir gelassen habe, fühlte ich eine innere Befreiung von allen Lasten, die auf meiner Sexualität lagen. Dieses Gefühl von Freiheit ist gepaart mit einer unbändigen Kraft, die Ihren Ursprung in meinem Unterleib hat. Ein stetiger Quell an Lebenskraft, der in mir wohnt und die absolute Bereitschaft, dieser Kraft Ausdruck zu verleihen und meiner Partnerin zur Verfügung zu stellen.

Mein Leben ist nun ein anderes, denn der Sex ist nicht mehr auf mich fokussiert. Mein neues Leben dient meiner Partnerin, denn die Kraft meiner Lenden ist nicht die Kraft des Lebens, mit der man ein neues Leben zeugt, sondern es ist die Lebenskraft, die Göttlichkeit in mir, die bereit steht, sich in meiner Partnerin zu entfalten. Mein Leben ist nun deshalb so anders, weil die Sexualität nicht mehr dazu da ist, um alleine mir selbst Freude und Befriedigung zu bringen, sondern sie dient nun allen anderen Menschen ebenso. In erster Linie dient sie meiner Partnerin, denn sie kann durch die Kraft meiner inneren Göttlichkeit geheilt werden, weil ich ihr diese Kraft übertrage. Durch unsere sexuelle Begegnung gelingt es ihr, ihre alten Themen zu bereinigen und ebenso frei zu werden, um genau diese Kraft auch in sich zu tragen. Mein Leben dient nun ihrer Heilung und indem sie genauso heil wird, heilt sie auch wieder mich und wir beide werden letztlich die heilen Wesen, die zu sein wir uns bereiterklärt haben. Wir wollten geheilt werden, weil wir heil sein wollen, um diese Welt heil zu machen. Mit unserer Kraft der Heilung ist es möglich, alles zu erreichen, was hier auf der Erde möglich ist.

Mein Leben ist nun auf dem Weg der Heilung in allen Bereichen und ich lege Ihnen ebenso ans Herz, diesen Weg zu gehen, denn nur dadurch kann unsere Welt geheilt werden. Je mehr Menschen in sich völlig heil sind und die Sexualität auf Göttlichkeit umgestellt haben, desto mehr werden dazu beitragen, dass diese Welt heil wird. Alle Menschen brauchen Heilung und nur ein Mensch, der selbst heil ist, kann Heilung spenden.

Es ist einfach, doch es erfordert auch etwas Mut, sich all den Herausforderungen zu stellen. Es braucht einen wachen Geist und eine heile Einstellung zu sich selbst, denn das ist die Voraussetzung dafür, dass man bereit ist, alle seine Themen konkret zu lösen. Alle Themen, die wir in uns tragen, sind letztlich dazu da, um geheilt zu werden. Doch so viele Menschen verschließen sich dem und werden dadurch in ihrem Leben nicht weiterkommen. Sie stehen still und Stillstand ist letztlich sogar ein Schritt zurück, da die Heilung nicht vorwärts kommen kann, wenn jemand vergisst, dass er hier ist, um sich selbst und die Welt zu heilen. Das ist unsere Aufgabe und nur das ist der Teil, den wir weiter verfolgen sollen. Alles andere ist nicht von Interesse und bedarf keinerlei Aufmerksamkeit, denn dadurch werden wir alles heilen können, was in dieser Welt Unheil bringt.

Unsere Welt braucht heile Menschen

Hier ist nun der Teil, den jeder Mensch verstehen und tief in seinem Herzen verankert tragen soll. Hier kommt der Teil, der alles in Bewegung bringt, denn dies ist die Antwort auf die Kernfrage, weshalb ein Mensch in dieser Ebene vorhanden ist. Auf der Erde befindet sich das Leben in einem Experiment, denn dieser Teil des Seins eines Menschen ist die Grundbasis, die jeder zu absolvieren hat, um überhaupt in die Macht des großen Schöpfers eintreten zu können. Diese Ebene zu meistern bedeutet, alles hinter sich zu lassen, was mit Schmerz verbunden ist. Diese Ebene ist die Ebene der schmerzvollen Erfahrung, wie sich das Leben anfühlt, wenn es nicht so gelebt wird, wie es aus der Sicht der Liebe und der Göttlichkeit gelebt werden sollte. Hier finden Sie die Antwort auf das, was Sie in sich tragen sollten, um das zu sein, was man auf Sie zählt.

Mein Leben diente bislang in erster Linie der Übermittlung von Informationen aus den Ebenen der geistigen Welt und ist dies nun hiermit vollständig vollbracht, so kann ich behaupten, meinen Seelenauftrag erfüllt zu haben. Mein Auftrag ist deshalb erfüllt, weil Sie dieses Buch in Händen halten und ich selbst das alles erfahren durfte, was hier geschrieben steht. Mein Leben ist hier jedoch noch nicht ganz zu Ende, denn es gibt noch die eine oder andere Aufgabe zu erfüllen, die dazu dient, das, was hier geschrieben steht, auch in den anderen Menschen zu verankern. Meine Aufgabe geht somit weit darüber hinaus, als einfach nur in ein Buch über das zu verfassen, was ich erfahren durfte.

Durch meine eigene innere Heilung werde ich genau das vollbringen. Denn ich bin ein Teil des Kollektivs Menschheit und dieses möchte gerne heil werden. Doch dazu braucht es viele Menschen, die heil sind und alles heilen können, was sie umgibt. Heilung ist etwas enorm Wichtiges, denn ohne sie werden wir diese Ebene nicht vollständig loslassen können. Heilung ist die Grundlage für das weitere Leben als Schöpfer und sie kann nur erfolgen, wenn auf dieser Ebene alles heil geworden ist, was noch nicht heil ist. Mein Sein ist das eines geheilten Menschen und dieses Sein ist insofern von Bedeutung, weil ich dadurch dazu beitrage, alles in dieser Welt ein bisschen heiler zu machen. Heilung ist durch mich ebenso möglich, wie durch Sie! Sie haben die gleichen Voraussetzungen wie ich und alle Menschen können genau das vollbringen. Mein Sein dient Ihnen und Sie dienen wiederum anderen und so geht die Heilung weiter um die Welt. Heilung ist aber etwas, das man bewusst herbeiführen muss, denn Heilung passiert nicht einfach nur so. Heilung ist ein bewusster Akt. Heilung ist Arbeit, die man in sich und an sich leistet, um genau das zu erreichen. Heilung ist Aufmerksamkeit für sich selbst. Nur so wird diese Welt heil werden können.

Die Freiheit im Sex

Mein Leben mit dem Sex ist ein zweifelhaftes, denn ich erkenne, dass so viele Menschen Sex nur benutzen, um für sich selbst Befriedigung zu erlangen. Mein Leben ist deshalb zweifelhaft, weil ich genau das nicht mehr möchte. Ich möchte in meinem Sexualleben alles erreichen, was ein Mensch erreichen kann. Ich möchte dieses Leben mit meiner Partnerin genießen und ich möchte, dass wir gemeinsam eine Art der Erfüllung finden, die kein Mensch zuvor erfahren hat.

Mein Leben mit Sex ist die Freiheit des Seins. Ich möchte diese Freiheit in mir genießen und alle Beschränkungen hinter mir lassen, die das Sexleben, wie es die meisten Menschen derzeit verstehen, aufweist. Die Freiheit des Sex ist etwas Wundervolles, denn es gewährt beiden Partnern eine intime Freiheit des Seins. Mein Sexleben will sich auf das ausrichten, was man die Göttlichkeit im Sex nennt, denn die Göttlichkeit über den Sex zu erreichen ist die schönste und höchste Form des Sex. Mein Sexleben zielt genau darauf ab und ich möchte alles tun, um genau das zu erreichen. Ich möchte das Leben, was die Menschheit immer schon unter freiem Sex zu verstehen versucht, aber nie wirklich verstanden hat. Frei zu sein heißt für mich, keinerlei Auflagen und Klischees erfüllen zu müssen, um den Sex zu genießen, der mir vorschwebt.

Die Freiheit im Sex ist auch ein klares Bekenntnis zur Göttlichkeit in mir und in meiner Partnerin. Mein Sexleben ist daher ein ganz anderes als das der meisten Menschen, denn ich möchte das Leben freigeben und ihm den Lauf lassen, den es gerne nehmen möchte. Ich möchte, dass mein Leben so frei ist, dass es mich jederzeit überraschen kann, denn indem ich nichts zu erfüllen habe und keinerlei Auflagen an unseren Sex stelle, ist das Leben frei und ich lasse alles frei laufen und genieße, wohin es mich führt.

Durch die gemeinsamen Energien, die hier freiwerden, dient mein freies Sexleben in erster Linie der Heilung. Ich möchte meine Partnerin von all ihren alten Lasten heilen, damit sie frei sein kann, um alles vollständig genießen zu können. Sie möchte dies derzeit noch nicht, denn sie hat ihre Altlasten noch nicht vollständig geklärt. Daher ist sie daran, all das zu bearbeiten, damit auch sie frei werden kann. Mein Sexleben dient daher ihr und nicht mir.

Mein neues Sexleben wird dann nicht mehr ihr alleine dienen, sondern ich werde ebenso glücklich sein, die Freiheit vollständig mit ihr zu erlangen und all das genießen zu können, was zwei Menschen gemeinsam durch ihre sexuelle Begegnung erreichen können. Ich möchte, dass Sie auch wissen, dass das, was Sie heute unter Orgasmus verstehen, nicht das ist, was wir anstreben. Denn das Höchste ich nicht die Verschwendung von Lebensenergie, die besser für das System eines Menschen genutzt werden könnte.

Die Freiheit leben

An dieser Stelle komme ich an einen Punkt, den derzeit kaum ein Mensch erreicht hat, weil das Bewusstsein dafür zumeist nicht vollständig ausgeprägt ist. Hier ist der Punkt, wo Sie alles hinter sich lassen sollten, um zu verstehen, dass Sex etwas ganz anderes ist, als hinlänglich geglaubt wird. Mein Leben als freies Wesen ist ganz anders, als das der meisten anderen, den die Freiheit beginnt in meinem Innersten und ich kann tun und lassen, was immer ich will. Mein Leben hat durch aktive Transformationsarbeit die Freiheit erlangt, die jeder Mensch haben kann. Prüfen Sie Ihr Leben, ob es denn darin Bereiche gibt, die Ihnen noch Einschränkungen auferlegen. Hier ist der Schlüssel dazu! Mein Leben ist die Grundlage, auf der ich aufbauen kann, um zu erfahren, was Sex in Wahrheit bedeutet. Es heißt, dass die Sexualität zwar Menschen verbindet, doch in Wahrheit trennt sie derzeit die Geschlechter mehr, als sie diese vereint. Hier ist die Lösung für alle Probleme, die die Menschheit in sich trägt.

Die Berührung eines Mannes und die Zärtlichkeiten einer Frau sind im Wesentlichen nichts anderes als Neugier, wie das andere Geschlecht darauf reagiert. Hier können Sie nun erkennen, was Sie wirklich antreibt und was Sie dazu bringt, mit dem anderen Geschlecht zu verkehren. Sie halten den Schlüssel zu Ihrer eigenen Freiheit in Händen und Sie können diesen nicht nur für sich, sondern auch für Ihren Partner nutzen. Schließen Sie Ihren Partner genau so auf, wie Sie sich selbst öffnen, um die Freiheit in Ihr Leben einziehen zu lassen. Hier ist der Schlüssel zur Freiheit im Sex und zur absoluten Freiheit des Seins in dieser Ebene.

Mein Sein hier ist genau so geprägt worden, wie das Ihre und je mehr Sie sich nun zu öffnen beginnen, um so mehr wird Ihr Sexleben ganz neue Wege einschlagen. Dies ist der Weg zur absoluten Befreiung der Menschheit. Denn Sex ist der Teil, der alles verhindert hat, was der Menschheit seit Jahrtausenden zusteht. Die Freiheit, ein Schöpfer zu sein.

Mein Sein und auch das Ihre können befreit werden, indem Sie Ihren Anteil, der sich **„Eingesperrt sein"** nennt, aus Ihrer Urzelle entfernen. Indem Sie diesen Anteil beseitigen, wird alles gut! Um diesen Bestandteil vollständig auflösen zu können, ist es erforderlich, diese Glaubenssätze im Herzen zu transformieren.

- Ich kann niemals frei sein.
- Ich werde niemals frei sein.
- Ich werde die Freiheit nicht erlangen

Meine Freiheit fühlt sich wundervoll an - und wie steht es mit Ihrer? Mein Leben und auch das Ihre stehen vor einer grundlegenden Veränderung, denn die Freiheit in allem ist jetzt ein fixer Bestanteil und alles kann sich danach ausrichten. Ihre Programmierung ist auf **„Freiheit"** getrimmt, denn diesen Teil sollten Sie nun ebenso in Ihrer Urzelle einbringen, um vollständige Freiheit auch leben zu können. Die Vorgangsweise ist Ihnen ja bereits gut vertraut, andernfalls lesen Sie nochmals das Kapitel. „Die Urzelle neu programmieren".

Die Freiheit ist nun Bestandteil Ihres Seins und Sie werden diese in Ihrem Leben überall erkennen können. Sie zeigt sich überall und Sie werden verwundert sein, was nicht alles frei geworden ist, was sich bislang noch eingeschränkt dargestellt hat. Freiheit ist der wichtigste Bestandteil, den ein Mensch braucht, um sich in diesem Leben wohlzufühlen. Freiheit ist der Bestandteil, der absolut alles beinhaltet, was das Menschsein ausmacht. Mein Leben ist frei und das Ihre ist es jetzt auch, genießen Sie es!

Sex und mein Leben

Das Leben, das ich führen darf, ist von Sex geprägt. Der Sex, von dem ich hier spreche, ist, wie schon erwähnt, ein ganz anderer. Mein Sex ist etwas Wundervolles, denn mein ganzes Sein ist Sex. Ich bestehe aus nichts anderem als Sex. Ich bin Sex pur und Sie auch! Hier an dieser Stelle ist es wichtig, dass ich mit Ihnen einige Dinge klarstelle, denn es könnte sonst zu Missverständnissen kommen, die das weitere Verständnis des Buches behindern könnten. Hier ist die Anleitung für Sex.

Sex ist wichtiger als alles andere. Ich bin Sex und Sie sind Sex, wir beide sind Sex. Denn wir beide sind die Kombination aus männlich und weiblich. Wir tragen beide Anteile im gleichen Ausmaß in uns und alle anderen Menschen tun dies ebenso. Indem ich aus diesen beiden Teilen bestehe, habe ich permanenten Sex, denn ich verbinde meine männlichen Anteile mit meinen weiblichen und alle Menschen tun dies auch. Ich kann darauf keinen Einfluss nehmen, denn es passiert automatisch. Mein Sex ist so wundervoll, dass daraus ständig neue Schöpfungen hervorgehen und ich erschaffe jeden Tag mein neues Leben.

Mein Sein geht nun davon aus, dass diese beiden Anteile schöpferische Kräfte entwickeln. Doch diese können erst schöpferisch tätig sein, wenn sie zusammenkommen. Die männliche Seite ist der Gedanke und meine klaren Vorstellungen, wie etwas sein soll. Meine weiblichen Anteile sind die Teile, die in mir wirken, obwohl ich sie nicht direkt wahrnehme. Denn das Gefühl, die weibliche Intuition sowie das Einfühlungsvermögen sind so wundervoll, dass sie sich automatisch dazugesellen, wenn ich mir etwas vorstelle. Ich habe automatisch Gefühle von allem, was ich mir wünsche. Mein Sein geht also davon aus, dass die Weiblichkeit in mir zum Vorschein kommt, wenn die Schöpferkraft gefragt ist.

Ich möchte diese Kraft in mir entfesseln und mache bewusst alles sehr gefühlvoll und intuitiv. Ich lasse zu, dass die Schöpferkraft, die in der weiblichen Seite ihren Ursprung nimmt, das Männliche in mir ergänzt und ihm dazu verhilft, all das zu erschaffen, was ich haben möchte. Ist dieser Umstand erst einmal bekannt, so ist Schöpfung und Sex gleichzusetzen. Sex geht nur, wenn Mann und Frau zusammenkommen. Alles andere ist kein Sex im Sinne der Göttlichkeit. Ist dieser Umstand bekannt, so werden Männer und Frauen auch verstehen, dass ihr Zusammenkommen den Sinn hat, etwas zu erschaffen. Mein Sex dient der Frau, die ich liebe und ihr Sex wird auch mir dienen, sobald sie dazu bereit ist. Ist dies der Fall, so werden wir zusammenkommen und uns auf der Ebene des Körpers vereinigen, um genau das zu tun, weshalb wir hier sind. Wir erschaffen etwas. Indem wir bestimmen, was wir erschaffen möchten, werden wir uns vereinigen, denn nur dadurch kann unser gemeinsames Werk vonstatten gehen.

Hier ist der Schlüssel zur Menschlichkeit, denn indem die Menschheit versteht, dass Sex kein Mittel zur Befriedigung ist, sondern ein Schöpfungswerkzeug, so bekommt Sex für alle einen ganz anderen Stellenwert. Die Weiblichkeit ergänzt die Männlichkeit und jede Frau hat ebenso männliche Anteile in sich, wie jeder Mann weibliche. Zusammen potenziert sich die Macht und alles kann möglich werden, wenn zwei Menschen sexuell zusammenwirken, um etwas zu erschaffen. Mein Sex und Ihr Sex hat keine andere Aufgabe, als genau das. Wir erschaffen in erster Linie Schöpfungskraft. Diese Kraft ist in uns und wartet darauf, für etwas gezielt eingesetzt zu werden. Die Energie, die wir erschaffen, ist die sexuelle Kraft des Menschen und diese Kraft ist unbändig. Sie kann für alles genutzt werden, was man sich nur vorstellt. Hier ist Ihr Schlüssel ein Schöpfer zu werden und mit Ihrem Partner eine potenzierte Kraft zu entwickeln, die für alles zu gebrauchen ist.

In unserer Welt will heute ein Mann eine Frau besitzen, mit ihr seinen Spaß haben und mit ihr die Befriedigung erhalten, die er zu brauchen glaubt, damit sein Körper friedlich und zurückhaltend bleibt. Die sexuelle Macht ist so groß, dass sie aus einem förmlich heraussprudeln möchte. Mein Sex ist das nicht mehr, denn er will erschaffen. Heute brauche ich die Befriedigung nicht mehr, denn sie ist mir nicht mehr wichtig. Die Kraft, die da in mir brodelt und heraus möchte, ist nicht dazu da, um verschwendet zu werden, um sie einfach ins Universum entweichen zu lassen, damit ich wieder meinen inneren Frieden bekomme. Diese Macht ist zwar da, doch ich will sie auch weiter ausbauen, damit daraus etwas Neues entstehen kann, das viel größer ist als all das, was ich derzeit zu erzeugen im Stand bin. Mein Sein und das Ihre sind darauf aufgebaut, die Macht, die in uns steckt, mit der anderen geschlechtlichen Seite zu vereinen und daraus eine Potenz zu bilden, die so mächtig ist, dass förmlich neue Welten daraus geschaffen werden. Mein Sein und auch das Ihre möchten Sex haben, damit die Kraft, die in uns allen steckt, zusammenwirken kann.

Das große Unbekannte

Ist das Leben an dieser Stelle angekommen, in dem es erkennt, dass es um weitaus mehr geht, als nur darum ein Leben zu leben und Befriedigung zu finden, dann ist der Zeitpunkt reif, um das größte Geheimnis zu lüften, das die Menschheit entdecken soll. Die Macht des Einzelnen ist durch die Macht des Partners um ein Vielfaches zu erhöhen und wenn zwei Partner ihre Macht um ein Vielfaches erhöhen und zusammenwirken lassen, so ist absolut alles möglich. Sie werden an dieser Stelle erkennen können, dass Sex etwas ganz anderes ist, als Sie bislang geglaubt haben. Sex ist Schöpfermacht und die Macht ist so stark, dass daraus alles entstehen kann, was die beiden miteinander erschaffen möchten.

Sex kann alles und die Macht, den Sex zu entfesseln steckt in den beiden Paaren, die aufeinander einwirken. Das Männliche in uns verbindet sich mit dem Weiblichen in uns und das Weibliche des Partners verbindet sich mit dem Männlichen des Partners. Kommen diese beiden Teile zusammen, um dann auf der Ebene der Sexualität nochmals miteinander verbunden zu werden, so ist das Endergebnis eine Macht, die so kraftvoll ist, dass neue Welten erschaffen werden. Die Verbindung der beiden Geschlechter ist die Grundlage des Lebens, denn ohne diese ist nichts machbar. Alles Leben entsteht auf diese Art und Weise. Doch wir Menschen sollten lernen, diese Macht auch für etwas anderes einzusetzen, als einfach nur ein Kind zu zeugen.

Ist dieser Umstand verstanden, so können Frauen und Männer zusammenkommen, um genau diese Macht gezielt auf etwas zu richten. Diese Kraft sammelt sich in den Leibern der beiden und sie wird immer größer, je mehr sie bewusst Sex miteinander haben. Die Voraussetzung dafür ist jedoch, dass diese Kraft nicht entweicht, sondern in den Leibern der Menschen erhalten bleibt. Dadurch wird jeder Einzelne viel mächtiger und sie können gemeinsam definieren, was mit der Kraft genau passieren soll. Sie können diese Macht aufbauen und immer größer werden lassen, bis ihre Macht so groß ist, dass absolut alles daraus entstehen kann.

Diese Macht ist unendlich vorhanden. Es ist eine schöpferische Macht, die aus der Liebe geboren wurde. Sowie ein Paar das verstanden hat, werden sie sich davor hüten, diese Kraft durch einen Orgasmus einfach nur so entweichen zu lassen. Sie werden sie in sich bewahren und dafür sorgen, dass sie in ihnen bleibt, bis diese Kraft auf etwas gerichtet wird, um gemeinsam etwas zu erschaffen.

Der Weg dazu führt über die geheilte Partnerschaft und über die geheilte Sexualität der beiden. Ohne diesen Umstand wird ihnen der Prozess nicht gelingen. Beide müssen vollständig frei sein, damit sie ihre Kräfte verbinden und potenzieren können. Diese Voraussetzung ist der Punkt, auf den ich zuvor schon zu sprechen gekommen bin. Denn ohne die Klarheit, dass alles, was bislang in ihren zahlreichen Leben passiert ist, geheilt werden muss, gelingt dieses Vorhaben nicht. Alles, was die Partnerschaft in diesem oder durch Ereignisse in früheren Leben belastet hat, muss geheilt werden. Nur so kann Sex das werden, was er sein soll – die Macht Gottes in allen Menschen.

Niemals werde ich Sex vermissen

Den Sex, den ich früher hatte, werde ich niemals vermissen. Er war nichts anderes als darauf konzentriert, damit ich mich wohlfühle. Der neue Sex, der auf mich und meine Partnerin wartet, ist jedoch sehr viel größer und sehr viel schöner, als der, den ich bisher kennengelernt habe. Hier ist nun der Ansatzpunkt, an dem jedes Paar anknüpfen kann, wenn sie sich auf den Weg zur Schöpfermacht begeben.

Ich möchte Ihnen hier aufzeigen, was es bedeutet, die Schöpferkraft in sich aufzubauen. Die darin enthaltene Energie ist so wundervoll, dass Sie diese niemals mehr vermissen möchten. Mein Weg dorthin hat eben erst begonnen, und Ihr Weg ist aller Voraussicht nach nicht anders. Denn die Erkenntnisse darin sind so wundervoll und so neu, dass es etwas Zeit und auch etwas Anstrengung brauchen wird, um genau diesen Punkt zu erreichen. Sie werden sich, so wie ich, etwas zurückhalten müssen, wenn Sie voller Ekstase sind, denn sie müssen lernen, das zu kontrollieren, was in Ihnen passiert, wenn Sie sich in Liebe begegnen und Ihre Körper miteinander verschmelzen lassen.

Sex ist wundervoll und darf keine Anstrengung im herkömmlichen Sinn mehr sein. Denn dabei wird alles zerstört, was der Sex aufzubauen in der Lage ist. Sie haben das Werkzeug in sich. Die Energie ist da und Sie brauchen diese nur fokussiert dorthin leiten, wo sie verlangt wird. Ihr Körper verlangt die Energie in sich und er wird wissen, wo sie genau gespeichert werden soll. Er ist ebenso wie der meine darauf spezialisiert, genau diese Energie zu halten, die entsteht, wenn zwei Menschen miteinander sexuell in Kontakt sind. Ihr Körper ist genauso dafür geschaffen und er wird wissen, was zu tun ist, wenn er sich darauf einlässt. Doch die Zeitspanne ist etwas länger zu sehen, als dies bislang häufig der Fall ist. Ein Schöpferpaar ist auf jeden Fall länger miteinander vereint, wenn sie die Energie erzeugen wollen, die sie brauchen.

Liebe ist etwas Schönes und man sollte sich dafür Zeit lassen. Energie entsteht nicht einfach nur so, dazu braucht es etwas, das man tiefe Entspannung nennt. Diese erreicht man nicht, wenn man wie wild auf einen Orgasmus hinarbeitet, der die Energie ins Universum entweichen lässt. Mein Sex ist auf jeden Fall dafür vorbereitet, ist es Ihrer auch? Sind Sie bereit, Ihr Innerstes nach außen zu kehren und alles offenzulegen, was Sie ausmacht? Sind Sie bereit, alles nach außen zu kehren, was in Ihnen steckt, Sie belastet und nicht frei macht? Sind Sie bereit, diesen Teil in Ihnen vollständig zu erwecken?

Der Teil, der in Ihnen geweckt werden will, ist der Teil, der das Sexleben erst vollständig macht. Daher brauchen Sie noch den Bestandteil, der sich **„Sex als Ausdruck von Freiheit und Schöpfermacht"** nennt. Dieser Teil ist die Essenz, die einen Schöpfer erst vollständig macht. Gehen Sie zur Integration in Ihrer Urzelle wie gewohnt vor und verbinden Sie diesen Bestandteil mit der Liebe und der Göttlichkeit, bevor sie ihn die gesamte Urzelle, einschließlich Ihres Körpers, vollständig ausfüllen lassen.

Den Kampf um den Orgasmus haben Sie nun hinter sich gelassen und sie können den Sex genießen und entspannt auf die Energie warten, die sich in Ihnen entwickeln wird. Ihr Kampf hat allerdings erst dann ein Ende, wenn Sie die Blockade freilassen, die dazu führt, dass man immer wieder in die Orgasmusfalle tappt. Diese lautet:

- Ich kann meinen Sex nicht bändigen.

Sex wird niemals mehr das sein, was er einmal war

Mein Leben endet auf eine ganz besondere Art und Weise, denn ich beginne Sex nicht mehr als das zu erkennen, was ich einst darüber gelernt habe. Sex ist für mich jetzt etwas ganz anderes und das Leben, das ich von nun an führen werde, ist vom Sex der neuen Welt geprägt.

Liebe heißt zu leben und ohne Liebe ist kein Sex mehr für mich denkbar. Wie viele Menschen haben heute Sex, ohne dabei Liebe zu empfinden? Viel zu viele und kaum jemand hat dabei die Vorstellung, dass dabei Energien verschwendet werden, die längst hätten dafür sorgen können, dass diese Welt eine ganz andere wird. Hier ist alles zu finden, was die Menschheit braucht, um genau diesen Weg einzuschlagen. Doch die Frage ist, ob Sie bereit sind, diesen Schlüssel auch anzuwenden?

Sie und ich sind nun geprägt, das zu erfahren, was nötig ist, um ein Schöpfergott zu werden. In Ihnen steckt die Erfahrung aus einer früheren Zeit. Diese ist Ihnen jedoch derzeit nicht zugänglich und Sie müssen darauf vertrauen, dass sich intuitiv alles einstellt, was erforderlich ist, um genau diesen Weg zu gehen. Sie erinnern sich nicht an das, was Sie früher einmal gelebt haben. Denn Sex ist immer schon ein Bestandteil des Lebens gewesen und schon immer haben Sie das gelebt, was Sie sind. Doch in dieser Ebene haben Sie es vergessen und müssen darauf vertrauen, dass es wieder in Ihr Innerstes zurückkehrt und Ihre Erinnerung stattfindet.

Mehr Sex zu haben wird zur Selbstverständlichkeit, denn Sie werden es vermissen, diese Energie wahrzunehmen. In Ihnen steckt alles, was erforderlich ist. Die Grundlage dafür ist die Liebe zu Ihrem Partner. Ohne diese Liebe wird sich nichts einstellen, was nur annähernd daran erinnern könnte, wovon hier die Rede ist. Sie selbst sind Liebe und alles, was in Ihnen ist, muss auf die Liebe ausgerichtet sein. Anders geht es nicht. Sonst wird nicht genügend Liebe vorhanden sein um genau dies zu erreichen. Die Liebe zu sich selbst ist die Grundlage, doch die Liebe zu Ihrem Partner ist die Basis für alles weitere, was nun entstehen soll. Wird diese Liebe durch irgendetwas getrübt, so wird nichts davon passieren, was hier geschrieben steht.

Sie müssen sich absolut sicher sein, dass dies der Partner Ihrer Wahl ist, mit dem Sie ein schöpferisches Duo bilden möchten. Diese Gewissheit haben Sie aber erst dann, wenn Sie wissen, ob alles möglich ist, das hier angestrebt wird. In Ihnen ist alles vorhanden, um zu erkennen, ob Ihr Partner der Richtige ist. Sie müssen sich dazu nur auf Ihr Energiefeld konzentrieren und feststellen, ob dieses mit ihrem Partner übereinstimmt. Ist dies der Fall, so können Sie gewiss sein, dass es möglich ist, doch dazu müssen beide Teile erst einmal soweit gekommen sein, dieses Wissen in sich zu verankern, damit diese Welt auch durch Sie verändert werden kann. Mein Sein und das meiner Partnerin Sind darauf ausgelegt. Es ist wichtig, die Hürden, die wir noch zu nehmen haben, zu bewältigen, um frei zu sein und alle Macht in unserem Sex zu entdecken. Ihnen mag es möglicherweise ähnlich ergehen und es könnte sein, dass Sie Ihren Partner erst einmal auf diese Art von Arbeit einstellen müssen. Doch ist dies die Voraussetzung dafür.

Sie und ich werden gemeinsam etwas Großes bewirken, denn unsere Partner werden gar nicht anders können, als sich auf das alles einzulassen, weil sie neugierig sind, was hier geschrieben steht. Denn in ihnen ist etwas vorhanden, das sie insgeheim darauf drängen lässt, genau das zu erfahren. In uns allen schlummert die Neugier darauf, und wir alle möchten erleben, wie es sich anfühlt ein Schöpfergott zu sein. Doch das muss man sich erarbeiten und dazu bedarf es auch der gegenseitigen Hilfestellung. Mein Leben wird ab diesem Zeitpunkt eine Wendung nehmen und das Ihre ebenso. Sie werden als Schöpfergott alles verändern können, was Ihnen vorschwebt und Sie werden lernen, die Macht Gottes in Ihnen nicht nur zu fühlen, sondern diese auch einzusetzen.

Die Befreiung der Sexualität

Sex ist wohl das Bedeutendste, was ein Mensch in sich tragen kann. Sex ist Liebe und als solche auf jeden Fall wichtiger als alles andere im Leben. Sex braucht daher seinen Stellenwert in der Gesellschaft und im Leben des Einzelnen. Ist der Sex gestört, kann ein Mensch nicht er selbst sein, denn es fehlt ihm der Bestandteil, der ihn zum Gott werden lässt. Ist der Sex gestört, so ist das gesamte Leben gestört und es bedarf zahlreicher Aktivitäten, um Sex wieder dorthin zurückzubringen, woher er gekommen ist - aus dem ureigenen Sein des Menschen, seiner Seele.

Neben zahlreichen Erlebnissen, die jeder von uns in diesem oder früheren Leben hatte, die zu Störungen der Sexualität geführt haben, gibt es in uns allen auch noch kollektive Programmierungen, die der Befreiung der Sexualität im Wege stehen. Gleich zu Beginn ein Glaubenssatz, der es in sich hat.

- Sex ist nicht meins.

Anstatt gemeinsamer Schöpfungsarbeit von Mann und Frau überwiegt in unserer Welt eher der allgegenwärtige Kampf der Geschlechter. Männer, als Vertreter des angeblich „starken Geschlechts", sehen sich immer wieder damit konfrontiert, dass Frauen grundsätzlich das Gegenteil von dem tun, was sie tun sollten und ihnen als logisch erscheint. Frauen handeln in vielen Situationen auch dann anders, wenn es möglicherweise zu ihrem Nachteil geraten könnte. Sie tun es scheinbar aus Prinzip, nur um gegen die Männer rebellieren zu können. Als Reaktion versuchen die Männer mit sachlich logischen Argumenten den Frauen klar zu machen, dass es genau so sein muss. Die Frauen stimmen dem vom Verstand her in vielen Fällen auch gerne zu, aber sie agieren trotzdem häufig anders und argumentieren mit allen möglichen Gefühlen. Männer denken logisch, Frauen folgen ihren Gefühlen. Ein Umstand, der die Männer oft an den Rand der Verzweiflung bringt. Eine Lösung des Geschlechterkampfes scheint nicht in Sicht.

Männer neigen dazu, ihre Stärke auf verschiedenste Art und Weise einzusetzen und ihren Willen mit Nachdruck durchzusetzen. Dass dies der falsche Weg ist, wissen wir bereits, doch mangelt es an Verständnis, warum es diesen Geschlechterkampf überhaupt gibt und was seine Ursachen sind. Bei genauerer Betrachtung ist folgendes festzustellen:

In unserer Gesellschaft und in unserem Bewusstsein ist veranlagt, dass die Frauen, das „schwache Geschlecht", den Männern dienen. Als Untergebene drücken sie ihren Widerstand auf die unterschiedlichste Art und Weise aus - sie agieren meist unbewusst gegen die Männer bzw. das Männliche allgemein. Für Männer erscheinen sie daher oftmals als Aggressor, doch ist die eigentliche Aggression die Unterdrückung des Weiblichen in unserer männlich dominierten Welt. Die Waffen, mit denen die Frauen kämpfen, sind vielfältig und meist gar nicht als solche zu erkennen. Um den Geschlechterkampf endgültig zu beenden sind folgende Voraussetzungen zu schaffen:

Die Männer müssen tief in sich respektieren, dass Frauen gleichberechtigt und gleichwertig sind. Dazu ist es erforderlich, dass Männer diesen kollektiven Glaubenssatz transformieren:

- Eine Frau ist weniger wert als ein Mann.

und diesen neuen Glaubenssatz im persönlichen Bewusstseinsfeld zu verankern:

„Frauen sind gleich viel wert"
Gefühl: Liebe; Emotion: allumfassende bedingungslose Liebe

In unserer Welt regiert das Spiegelgesetz und Männer verhalten sich oftmals als Spiegelbilder für die Programmierungen, die im Unterbewusstsein der Frauen abgespeichert sind. Die Unterdrückung des Weiblichen ist somit nicht ausschließlich auf die abwertende Konditionierung der Männer zurückzuführen, sondern auch auf die Programmierung der Frauen. Diese müssen ihren Widerstand aufgeben und ihren Stellenwert erhöhen und stabilisieren. Dazu sind folgende Glaubenssätze zu transformieren:

- Ich bin nicht berechtigt, einem Mann ebenbürtig zu sein.
- Keinesfalls darf ich meinen Widerstand gegen die Männerwelt aufgeben.
- Keinesfalls dürfen Männer über mich bestimmen.
- Ich bin nicht in der Lage, mich durchzusetzen.
- Ich bin nicht berechtigt, den Männern alles zu geben.
- Keinesfalls dürfen Männer ein Leben führen, in dem sie vollkommen zufrieden sind.
- Ein Mann ist es nicht wert, geliebt zu werden.

Stattdessen ist es dienlich, dass Frauen diesen neuen Glaubenssatz in ihr Bewusstseinsfeld integrieren:

„Ich bin gleichberechtigt und alle Männer sind gleich viel wert, wie ich selbst"
Gefühl: Liebe; Emotion: allumfassende bedingungslose Liebe

Um den Geschlechterkampf in einer Beziehung vollständig zu beenden, ist es wichtig, dass die Frauen sich für ihren Mann vollständig öffnen, sich selbst als Göttin erkennen und auf ihren Gott in Augenhöhe zugehen. Dies gelingt jedoch nur, wenn folgende kollektive Glaubenssätze transformiert wurden:

- Kein Mann hat das Recht, mich vollends zu lieben.
- Ich bin keinesfalls in der Lage, einen Mann vollkommen zu vertrauen.
- Kein Mann darf mich jemals wieder als nicht gleichberechtigt ansehen.
- Keinesfalls werde ich in diesem Leben einen Mann vollkommen lieben.

Alle Leserinnen sollten diesen neuen Glaubenssatz jetzt in ihrem persönlichen Bewusstseinsfeld verankern:

„Mein Mann ist derjenige in meinem Leben, der vollends versteht, was ich brauche".
Gefühl: Liebe; Emotion: allumfassende bedingungslose Liebe

Diese Muster sind schöpferisch äußerst mächtig und haben bislang dafür gesorgt, dass der Kampf der Geschlechter aufrecht erhalten bleibt. Die folgenden Programme sind in allen

Männern intensiv veranlagt und sorgen dafür, dass die Männer kaum eine andere Wahl haben, als gegen die Frauen zu agieren:

- Kein Mann hat das Recht, eine Frau zu befriedigen.
- Kein Mann wird es jemals schaffen, einer Frau gerecht zu werden.
- Kein Mann ist berechtigt, ein Liebhaber einer Frau zu sein und dabei ihr Heiligkeit zu berühren.
- Kein Mann wird es schaffen, männlicher zu sein als Frauen.

Im Gegenzug dazu sind in den Frauen Programme veranlagt, die Klarheit bei den Männern unmöglich macht und verhindern, dass ein Mann mit seiner Frau jemals wirklich vollkommen glücklich wird!

- Ich bin als Frau keinesfalls berechtigt, einem Mann zu dienen.
- Als Frau darf ich einem Mann keine Wünsche erfüllen.
- Ich bin niemals in der Lage, einem Mann zu geben, was er möchte.

Diese Programme haben wir uns auferlegt, um die Verirrung überhaupt erst zu ermöglichen, doch jetzt ist es Zeit, zu unserer Göttlichkeit durch Vereinigung von männlich und weiblich in tiefster Liebe zurückzukehren.

Die Männerwelt ist auf Frauen fixiert und diese führt dazu, dass Männer versuchen, Frauen zu erobern. Die Frauen hingegen bilden eher den passiven Part und verlocken durch ihre Reize. Dadurch, dass sie begehrt und umworben werden, fühlen sie sich in der Position der Stärkeren. Dieser Umstand stellt ein großes Problem dar, denn viele Frauen fühlen sich geneigt, ihre Position auszunutzen, mit dem Mann zu spielen und ihn von ihrer Gunst abhängig zu machen. Männer gelangen dadurch in die Position des Bittstellers und in ein Abhängigkeitsverhältnis. Es macht sie verletzlich und das ist für die wahre Liebe äußerst schädlich.

Tut er, was sie will, ist sie einverstanden und er bekommt ihre Zuneigung, was ihn für den Moment zufriedenstellt. Er bekommt dabei aber nicht die Freiheit, zu jeder Zeit bekommen zu können, was er gerne mit ihr erleben möchte. Viele Frauen glauben, ihre Stärke ausspielen zu müssen und werden dadurch immer wieder in dieses Spiel verwickelt. Sie dienen damit nicht ihren Männern und sie werden auch nicht als Göttinnen verehrt, sondern nur als etwas gesehen, was es zu besiegen gilt. Das Dienen ist hier nicht misszuverstehen, denn beide Teile dienen im gleichen Maße einander, einer alleine könnte ganz und gar nichts ausrichten!

Frauen tragen diese Grundprogrammierung in sich, die sie dazu verführt, das zuvor beschriebene Machtverhalten an den Tag zu legen:

- Ich muss einen Mann in die Knie zwingen.
- Mein Mann ist mir verpflichtet.
- Ich bin einem Mann überlegen.

Männer tragen ebenso Programmierungen in sich, die dazu beitragen:

- Ich kann es niemals zulassen, von einer Frau beherrscht zu werden.
- Ich bin niemals gewillt, einer Frau zu gehorchen.

Ein sehr wichtiger Schritt in der Evolution der Menschheit ist die Transformation dieses Glaubenssatzes, den beide Geschlechter in sich tragen:

- Sex ist ein Werkzeug, um andere zu unterdrücken.

Letztlich erscheint es vielen so, als würden Männer immer und Frauen niemals Sex haben wollen, was jedoch beiderseits grundlegend falsch ist. Frauen sind für Männer reizvoll und dadurch schnell in der Position der Stärke, denn ein Mann wird seine Reize niemals so aktiv einsetzen wie eine Frau. Dies kann schnell zur Dominanz der Frau über den Mann führen. Für diese Neigung sind kollektive Programmierungen im Unterbewusstsein der Frauen verantwortlich:

- Ich kann mit einem Mann beliebig spielen.

- Ich kann einen Mann einfach nur so an der Leine führen.
- Ich kann tun, was immer ich will, ein Mann wird immer gehorchen.
- Ich bin einem Mann überlegen.
- Ich kann einen Mann immer für mich und meine Zwecke benutzen.
- Ich bin für die Männer nur ein Werkzeug.
- Meine Kraft entspricht derer von vielen Männern, denn ich habe die Macht.

In den Männern sind weitere Programmierungen vorhanden, die sie dazu veranlassen, ständig Frauen hinterherzujagen. Männer sind häufig auf ihre Triebe fixiert und können oftmals gar nicht anders, als ihnen zu folgen. Der Druck ist teilweise so stark, dass ein Mann intensiv an sich arbeiten muss, um seinen Trieben standzuhalten. Es gibt jedoch Abhilfe durch Transformation dieser kollektiven Glaubenssätze und Erleichterung hält Einzug:

- Mein Leben besteht daraus, mich fortzupflanzen.
- Keinesfalls darf ich meine Fortpflanzung verweigern.
- Niemals werde ich einer Frau Bescheid geben, was ich von ihr will.
- Ich bin auf dieser Erde, um dafür zu sorgen, dass das Leben fortschreitet.
- Ich kann in meinem Leben nur eines Tun - das ist die Fortpflanzung.

Männer hatten die Triebhaftigkeit immer schon in sich verankert, doch diente diese dazu, dass die Rasse Mensch nicht vom Aussterben bedroht ist. Frauen müssen nun damit aufhören, die Männerwelt generell zu verurteilen und haben dafür zu sorgen, dass das Bild des triebhaften Mannes nicht länger so in der Welt stehenbleibt. Männer und Frauen brauchen den Ausgleich der Geschlechter. Beide Teile sehnen sich nach Ausgleich und finden diesen nur in der Partnerschaft und im Sex. Keine andere Art und Weise führt zu genau diesem Ausgleich. Kollektive Glaubensmuster in den Frauen unterstützen die alte Form des Bildes der Männer.

- Männer sind nicht geeignet, um mit ihnen zusammenzuleben.
- Niemals darf mir ein Mann zu nahe kommen.
- Niemals dürfen Männer in mein Leben eindringen.
- Mein Leben ist für einen Mann nicht geeignet.

Ein Mensch hat in seinem Leben vieles vor sich, doch die Gemeinsamkeit von Mann und Frau lässt das Leben leichter erscheinen. Die Voraussetzung dafür ist jedoch die geheilte Partnerschaft und der geheilte Sex. Alles andere hat Nachrang in einer Beziehung, denn zuvor müssen diese Teile vollständig geschaffen sein. Alles, was mit dem täglichen Leben in Verbindung steht, sollte solange Nachrang haben, bis die Heiligung der Sexualität und die Intensivierung der Partnerschaft vollständig vollzogen ist. Nur die Liebe zählt!

- Niemals ist eine Frau / ein Mann für mich gut.
- Niemals werde ich jemanden besitzen können.
- Ich bin auf dieser Erde alleine.
- Niemals werde ich ohne jemanden leben können.
- Ich kann das Leben ohne einen Partner nicht genießen.
- Ich bin mit meinem Sex nicht einverstanden.
- Ich bin mit dem Sex, den ich erhalte, niemals zufrieden.

Nachdem Sie auch diese Glaubensmuster transformiert haben, ist es äußerst empfehlenswert, jetzt sofort mit der Heilung Ihrer Partnerschaft und mit der Heilung Ihrer Sexualität fortzufahren, bis diese vollständig abgeschlossen ist. Erst dann werden Sie für die höchste Form der Liebe bereit sein. So gut wie jede Partnerschaft hat Themen aus früheren Leben zu bereinigen. Sie sind sich schon mit an Sicherheit grenzender Wahrscheinlichkeit in einem oder mehreren Leben begegnet und haben Erfahrungen geteilt, die möglicherweise nicht vollständig geheilt werden konnten. Sie können dies nun nachholen und Ihre Partnerschaft in diesem Leben auf eine völlig neue Basis stellen.

Das Leben als einzelner Mensch ist schwierig. Das Leben mit einem Partner kann zu Beginn wundervoll sein, doch bald kommen die Themen hoch, die es gemeinsam zu bereinigen gilt. Das bedeutet, dass das Leben erst recht schwierig werden könnte, solange diese Themen nicht bereinigt sind. Hier ist die Kurzanleitung, wie Sie am besten vorgehen, um die Partnerschaft, die Sie derzeit führen, auf das Niveau der Seelengemeinschaft zu bringen, die eine schöpferische Einheit bedeutet:

- Holen Sie sich Ihren Partner vor Ihr geistiges Auge. Stellen Sie ihn/sie gedanklich vor sich hin und fühlen Sie, was Sie alles fühlen, wenn Sie sein/ihr Abbild betrachten. Sie werden feststellen, dass Sie dabei nicht nur positive Gefühle haben.
- Nehmen Sie nun einen Stift und ein Blatt Papier zur Hand und notieren Sie, warum Ihre Beziehung noch existiert. Schreiben Sie alles auf, was Ihnen in den Sinn kommt und seien Sie ganz ehrlich zu sich selbst. Anhand dessen erkennen Sie, was Sie mit Ihrem Partner verbindet. Existiert die Partnerschaft aus Angst vorm Alleinsein oder aus Bequemlichkeit oder überwiegend materiellen Überlegungen, so sollten Sie Ihre Partnerschaft grundlegend überdenken! Legen Sie Ihre Notizen vorläufig beiseite, bis Sie die folgenden Schritte absolviert haben.
- Machen Sie nun einen Ausflug in Ihr Unterbewusstsein und lassen Sie sich von Ihrer Seele zeigen, was es noch zu heilen gibt. Es kann dabei dazu kommen, dass Ihnen eine oder mehrere Szenen aus früheren Leben gezeigt werden, die es zu heilen gilt. Möglicherweise bietet Ihnen Ihre Seele symbolische Bilder zur Heilung an. Wichtig ist, dass Sie sich vollständig darauf einlassen und die jeweilige Szene bzw. das Bild erst verlassen, wenn dieses vollständig geheilt ist.
- Während des Verlaufs Ihrer Partnerschaft sind höchst wahrscheinlich verschiedene Situationen eingetreten, in denen Sie mehr oder weniger verletzt wurden. Diese sollten ebenso im Detail betrachtet werden. Heilen Sie die Erlebnisse, indem Sie diese in Ihrem Herzen einzeln zur Transformation freigeben. Sollte dies nicht ausreichen und Ihre Gefühlslage danach immer noch

nicht neutral sein, so ist eine Traumaheilung erforderlich.

- Nach getaner Arbeit geht es darum, gemeinsame Ziele zu definieren. Fragen Sie sich selbst, was Sie gerne gemeinsam mit Ihrem Partner erreichen möchten. Lesen Sie erst weiter, wenn Sie die aus Ihrer Sicht angestrebten gemeinsamen Ziele niedergeschrieben haben.
- Kehren Sie nun zu den Notizen zurück, die Sie zu Beginn dieser Übung gemacht haben, die aufzeigen, weshalb Ihre Beziehung noch besteht. Es ist jetzt an der Zeit, alle materiellen Belange genau zu betrachten und Ihr Abhängigkeitsverhältnis zu lösen. Nur wenn Sie und Ihr Partner voneinander absolut unabhängig sind und alle inneren Überzeugungen, die ein Abhängigkeitsverhältnis zum Ausdruck bringen, beseitigt sind, können Sie sich an die nächste Aufgabe machen.
- Zum Abschluss dieser Aufgabe kehren Sie zum inneren Bild Ihres Partners zurück und geben Sie dieses in Ihrem Herzen zur Transformation frei. Diese Übung beseitigt die zahlreichen gedanklich geschaffenen negativen Konstrukte, die sich im Laufe der Zeit angesammelt haben.
- Nun kehren Sie zu Ihren Notizen mit den gemeinsamen Zielen zurück und stellen Sie fest, ob diese nur aus rein materiellen Wünschen bestehen. Ist dies der Fall, so empfehle ich Ihnen, Ihre Beziehung grundlegend zu überdenken! Das Leben ist auf Liebe aufgebaut und ist die Liebe nicht die Grundlage ihrer Beziehung, so sollten Sie danach trachten, diese möglichst bald zu beenden. Das, worum es in Wahrheit gehen sollte, ist die gemeinsame Aufnahmefähigkeit von Schöpfungsenergie zu bewerkstelligen, um den Weg der gemeinsamen Schöpfung zu gehen.

Sexuelle Phantasien

Viele Menschen haben Phantasien, wenn sie an Sex mit ihrem Partner denken oder Sex praktizieren. Dies dient ihnen jedoch ganz und gar nicht, denn das wahre Sein des Partners wird dabei nicht respektiert. Sie erinnern sich nicht an den Menschen, mit dem sie Sex hatten, sondern nur an ihre Phantasien, die sie mit ihm ausgelebt haben. Das Entscheidende ist, dass ein Mensch seinen Partner im vollen Umfang annimmt. Dazu bedarf es jedoch einer Klarheit und diese erreichen viele Menschen nicht. Jeder muss den anderen als das erkennen, was er ist. Dabei geht es um die Göttlichkeit in jedem, die es anzunehmen gilt. Nicht nur vom Verstand her, sondern aus den Tiefen des Seins, muss dies akzeptiert sein! Es geht dabei darum, dass jeder einzelne Mensch, sich selbst in seinem Gegenüber erkennt. Indem er sein Gegenüber liebt, liebt er sich selbst!

Zu unterscheiden ist, ob die Partnerschaft überhaupt noch intakt ist. Bei Phantasien mit z. B. einem Filmstar oder einer anderen Person, ist zumeist die Partnerschaft grundlegend in Frage zu stellen.

Eine wichtige Grundprogrammierung sollte in Ihnen vorhanden sein. Integrieren Sie diesen Glaubenssatz in Ihr persönliches Bewusstseinsfeld:

„Die Einheit bin ich und ich lebe mich selbst."
Gefühl: reinste göttliche Liebe; Emotion: alles was ist „zu sein".

Sowie dieser vorhanden ist, gilt es die Gegenpole zu beseitigen.

- Ich bin niemals das, was ich sein soll
- Ich bin in dieser Welt alleine

Alle Menschen, die sich selbst lieben, können gar nicht anders, als der Liebe entgegenzugehen. Wichtig ist, dass jede sexuelle Phantasie einzeln transformiert wird. Bei sexuellen Phantasien handelt es sich um Erinnerungsfragmente aus früheren Leben, die hier wieder gelebt werden. Das Bewusstsein hat sich jedoch weiterentwickelt. In unserem Inneren fühlen wir, dass es nicht mehr zeitgemäß und angebracht ist, diese Phantasien auszuleben, daher spielen Sie sich zumeist nur in unserem Kopf ab. Geben Sie Ihre Phantasien in Ihrem Herzen zur Transformation frei und Sie werden dadurch Ihren Partner vollständig annehmen können.

Sexuelle Phantasien werden aber häufig auch ausgelebt und es entstehen Situationen, die einem der Partner unter Umständen ganz und gar nicht gefallen. Dabei werden besondere Praktiken geduldet, um dem Partner seine Lust zu verschaffen. Das, was dabei auftritt, sind alte Wunden, die wieder aufreißen, unbewusst wieder stärker werden und nach und nach die sexuelle Anziehung vergiften. Daher ist es ratsam, alles zu beseitigen, was irgendwelche besonderen Zwecke verfolgt und nicht auf die Göttlichkeit im Sexualakt ausgelegt ist.

Um die höchste Form der Sexualität leben zu können, muss in jedem Menschen die absolute Fülle erzeugt werden. Dazu muss alles beseitigt werden, was dem im Wege steht. Es müssen alle Einschränkungen beseitigt werden, seine gesamte Energie auf seinen Partner zu projizieren. Dabei legen Sie Ihre ganze Energie über Ihren Partner, sodass der Körper des Partners und Ihr eigenes Energiefeld miteinander eins werden. Ab diesem Zeitpunkt existiert eine enorme Anziehungskraft zwischen den beiden Körpern und das Bestreben mit diesem eins zu werden ist enorm groß. Sobald Sie dies gemacht haben, wird sich alles andere von selbst ergeben.

In der Vorbereitung auf diese Verschmelzung hat noch jeder etwas zu bereinigen. Ein Programm, das die Verschmelzung behindert.

- Ich kann niemals mehr sein als eins.

Diese Programmierung ist die Basis für den Aufbau des Egos. Das Ego reduziert sich auf sich selbst. Ist dieses beseitigt, dann wird alles passieren, was passieren soll!

Machen Sie den Versuch am besten gleich jetzt und legen Sie ihr Energiefeld vollständig auf, über und in den Körper Ihres geliebten Partners und fühlen Sie, was sich dabei ergibt. Fühlen Sie die Kraft, die Sie dort hinzieht?

Die sexuelle Energie ist die stärkste Energie, die uns Menschen zur Verfügung steht. Ein Workaholic beschäftigt seinen Geist, damit er sich mit dieser Thematik nicht auseinandersetzen muss. Andere greifen zur Spielkonsole, sitzen vor dem Fernseher oder betäuben ihren Geist mit Alkohol. Jeder, der sich jedoch weder auf die eine noch auf andere Arten ablenkt, wird sich gezwungenermaßen mit dem tieferen Sinn des Lebens auseinandersetzen und früher oder später auf genau diese Erkenntnis stoßen und beginnen, sein Leben auf das höchste auszurichten, was ein Mensch hier erreichen kann.

Die Heilung der weiblichen und männlichen Anteile

Das Leben besteht aus den beiden Anteilen, die jeder Mensch in sich trägt. Wie zuvor erwähnt, ist jeder Mensch weiblich und männlich zugleich. Jeder hat diese Anteile und jeder braucht sie, denn ohne sie wäre ein Leben undenkbar. Hier finden Sie nun die Möglichkeit, wie Sie die Heilung Ihrer innersten Anteile vorantreiben und wie Sie dazu kommen, dass diese Ihr Leben vollständig bestimmen können. Mein Leben findet derzeit in genau diesem Zeichen statt. Es ist geprägt von all diesen Teilen in mir, die dafür sorgen, dass ich im Stande bin, das gezielt zu erschaffen, was in mir gewünscht wird.

Hier ist das Leben an dem Punkt angekommen, wo nur mehr das entstehen kann, was gewünscht wird. Hier gibt es keine Überraschungen und keine negativen Gefühle mehr, die nicht unbedingt erforderlich sind, um etwas Neues zu erschaffen. Sie haben nun die Wahl zwischen einem fremdbestimmen Leben oder einem Leben in dem Ihre eigensten Anteile nur mehr das erschaffen, was Sie erfahren möchten. Das, was Sie dazu tun müssen, ist einfach, denn Sie brauchen Ihre Anteile nur mehr dem auszusetzen, was man Heilung und Ausgleich nennt. Sie brauchen nur dafür zu sorgen, dass die negativen Belastungen, die auf Ihrer Männlichkeit und Ihrer Weiblichkeit lasten, transformiert werden und dann zu sehen, ob sie bereits vollständig ausgeglichen sind.

Stellen Sie sich dazu Ihre Männlichkeit und Ihre Weiblichkeit vor. Machen Sie sich ein inneres Bild, wie diese aussehen könnten. Es spielt dabei keine besondere Rolle, welche Gestalt diese für Sie annehmen. Im Anschluss konzentrieren Sie sich auf Ihren männlichen Anteil und sprechen folgenden Satz:

Ich gebe meine männlichen Anteile in meinem Herzen zur Transformation frei.

Wiederholen Sie dies nun mit Ihren weiblichen Anteilen. Ist dies geschehen, so ist es wichtig, dass Sie feststellen, ob die beiden Teile auch wirklich ausgeglichen sind. Sie können sich dazu eine Waage vorstellen, in deren Schalen Sie die beiden Anteile legen. Ist die Gewichtung der beiden Teile noch unterschiedlich, dann ist es Zeit, Korrekturmaßnahmen zu setzen. Diese beinhalten zahlreiche Glaubensmuster, die viele Menschen in sich tragen. Diese sind nicht kollektiv, aber eine Auswahl derer, die häufig vorkommen.

- Meine Weiblichkeit ist niemals gleichwertig.
- Ich werde meine weiblichen Anteile immer unterdrücken.
- Niemals kann meine Weiblichkeit gleichwertig sein.
- Keinesfalls dürfen männlich und weiblich ausgeglichen wirken.
- Ich werde meine Weiblichkeit immer unterwerfen.

Ist das Leben erst einmal vollständig ausgeglichen, dann kann auf dieser Welt sehr vieles anders werden. Die Menschheit ist sehr männlich dominiert und kann ihre weiblichen Anteile nicht leben. Diese Erde braucht aber die Qualitäten, die das Weibliche verkörpert, denn ohne diese wird es immer wieder Kriege geben und die Intuition wird das Leben nicht bereichern können. Der Verstand, der sehr viel weniger Informationen als die Intuition zur Verfügung hat, wird dominieren. Es ist verständlich, denn woher sollte er auch alles wissen? Die intuitive Seite kennt alles, was bereits einmal passiert ist. Der Verstand ist limitiert und hat nur Bruchteile an Informationen zur Verfügung.

Das Bauchgefühl des Menschen ist das Wichtigste, denn dieses wird jeden dorthin leiten, wo er seine Weiblichkeit entdeckt. Weibliche Anteile zu leben bedeutet Frieden, Gefühl und Liebe zu leben. Ist ein Mensch soweit gekommen, dass er sich auf diese Qualitäten eingelassen hat, kann er gar nicht mehr zurück. Denn es ist so viel mehr Qualität darin zu finden, als die männliche Welt alleine hervorbringen könnte. Diese Qualitäten bestimmen den Charakter eines Menschen maßgeblich, denn dadurch wird ein Mensch erst vollständig. Erst wenn alle Anteile gleichermaßen gelebt werden, ist ein Mensch vollständig, zuvor lebt er nur halb.

Ein Leben ohne Ausgleich von männlich und weiblich ist auch in der Sexualität nur halb, denn die maßgebenden Größen brauchen einander im gleichen Ausmaß, um überhaupt so funktionieren zu können, wie es von Grund auf gedacht ist. Ein Leben ohne Sex, der von beiden Anteilen gleichermaßen bestimmt wird, ist nicht interessant, denn es fehlt sehr viel Positives, das daraus hervorgehen kann. Ist das Leben an dem Punkt angekommen, an dem die Anteile gleichermaßen auch im Sex wirken, so ist das Leben vollständig. Es können die gleichen Energien entstehen, die zwei Menschen miteinander erzeugen können, wenn sie zusammenkommen und im Sex vereint sind. Sex im Innersten ist der erste Schritt, um überhaupt erfüllten Sex haben zu können. Sex im Innersten ist die Vorstufe zur körperlichen Vereinigung von Mann und Frau. Das, was man Sex im Innersten nennt, ist nichts anderes als die Vereinigung der beiden Anteile, noch bevor zwei Menschen miteinander Sex haben. Zuvor passiert genau das, dass die Anteile beginnen miteinander Liebe zu machen, sich zu vereinigen und ihre Energie miteinander zu verbinden. Das ist der gleiche Vorgang, wie er auch bei zwei Menschen passiert, die sich vereinigen. Sex ist alles andere als das, was die Menschheit glaubt, Sex ist die Vereinigung der Geschlechter und die ist das Prinzip Gottes, denn nur dadurch ist Schöpfung überhaupt möglich geworden. Alles was ist, ist auf den Grundlagen der Sexualität entstanden. Alles was ist, wurde durch Sex erschaffen und ohne Sex existiert nichts, denn es fehlt die Schöpfermacht. Sex ist somit Schöpfung. Ein Ausgleich zwischen männlich und weiblich im Innersten ist die Grundlage für alles was ist.

Mein Leben besteht seither nur mehr aus der bewussten Vereinigung dieser beiden Energien, denn dadurch kann ich alles erschaffen, was sein soll. Sie können dies auch, indem Sie jetzt Ihre beiden Anteile, die Sie zuvor visualisiert haben, zusammenfügen und sie miteinander verbinden. Lassen Sie die Anteile miteinander tun, was auch immer sie tun möchten und sehen Sie zu, was in Ihnen passiert. Sie erkennen sofort, was die Energie bereit ist zu tun, wenn Sie zulassen, dass die beiden Anteile miteinander verkehren.

Das Leben besteht aus dieser Energie, alles ist daraus entstanden und Sie tragen diese Energie in sich. Sie können diese nutzen, um sie gezielt auf etwas zu lenken, was in Ihr Leben treten möchte. Sie können alles erschaffen, was Sie möchten. Die Grundlage dafür sind die Heilung und der Ausgleich ihrer beiden Anteile. Sie können alles erschaffen, was Ihnen vorschwebt, doch zuvor müssen Sie diese Energie freilegen und sie dann auf das lenken, was Sie erreichen möchten. Die Grundlage der wahren Schöpfung ist die Potenzierung dieser Energie durch die sexuelle Begegnung als Schöpfergötter mit Ihrem Partner.

Dabei geschehen sehr wertvolle und wundervolle Dinge, denn es geht dabei darum, die Energien zu potenzieren. Sie selbst sind die Quelle der Energie und alles, was Sie bewegt, entstammt den beiden Polen in Ihnen. Sie selbst produzieren durch die Vereinigung ihrer beiden Pole diese Energie und Ihr Partner tut dies ebenso. Durch die Vereinigung der Körper passiert dies erneut, doch auf körperlicher Ebene. Die Körper bilden ebenso eine Vereinigung und erzeugen diese Kraft und diese verbindet sich mit der Kraft, die in jedem von Ihnen vorhanden ist. Dadurch haben Sie diese Energien bereits potenziert.

Es geht jedoch noch eine Stufe weiter, denn indem Sie die beiden Energiefelder, die jeder Mensch besitzt übereinanderlegen und diese erneut vereinigen, wird daraus eine noch größere Kraft geboren. Sie können dazu hergehen und Ihr Energiefeld, das in ihrem Körper existiert, auf den Körper Ihres Partners legen und dort liegen lassen. Dadurch vereinigt sich ihr Energiefeld mit dem Ihres Partners und schafft erneut Energie durch Verschmelzung der Pole. Dies ist nun auch Ihrem Partner möglich, denn er kann ebenso sein Energiefeld auf Ihren Körper legen und auch hier entsteht diese Verschmelzung. Dadurch haben Sie die Energie bereits mehrfach potenziert.

Die Körper sollten sich dabei jedoch nicht zu viel bewegen, denn das lenkt von der Kontrolle Ihres Geistes ab. Der Körper macht sich sonst selbständig und nimmt sich nur das, was er alleine für sich benötigt. Die Körper sind darauf ausgerichtet, sich auf das zu konzentrieren, was aus rein körperlicher Sicht das Höchste ist, was ein Körper wahrnehmen kann. Doch ist dies nicht das Maximum an Wahrnehmung zu dem ein Mensch im Stande ist. Ein Orgasmus ist nur ein kleiner Teil. Erst wenn Sex im wahren Sinne gelebt und als Teil einer tiefen Entspannung gesehen wird, die nicht ein paar Minuten, sondern entsprechend ausgiebig gefeiert wird, dann ist Sex schöpferisch. Der Orgasmus ist nicht mehr das Ziel. Das Ziel ist die Vereinigung an sich und diese aufrechtzuerhalten, um dabei in tiefere Regionen des menschlichen Seins vorzudringen. Das Ergebnis ist tiefste Entspannung, ekstatische Zustände, die einem dauerhaften Orgasmus nahezu gleich kommen.

Wenn dies alles geschehen ist und Sie sich in dieser Energie baden und alles aufnehmen, was dabei entsteht, so sammelt sich in Ihnen ein gewaltiges Potenzial an schöpferischer Energie, die darauf wartet, von Ihnen gezielt eingesetzt zu werden. Ist dies geschehen, so können Sie sicher sein, dass diese Energie jedes Mal, wenn Sie mit Ihrem Partner sexuell zusammenkommen, entsteht und sich immer weiter entwickelt. Sie werden jedes Mal mächtiger und größer, stärker und freier und heiler. Denn diese Kraft ist so mächtig, dass damit alles geschehen kann.

Das ist jedoch noch immer nicht alles, denn jetzt passiert etwas ganz Wundervolles. Wenn Ihre innere Kraft angewachsen ist, können Sie beginnen, diese Verschmelzung auf Seelenebene vorzunehmen. Auch diese Ebene können Sie miteinbauen, sobald der Prozess der Potenzierung der Schöpferkraft für Sie zur Routine geworden ist. Diese Ebene ist letztlich die machtvollste und aus dieser Kraft heraus entsteht der wahre Gott in Ihnen!

6. Heilung von Erkrankungen

Die Grundlagen einer Krankheit

An dieser Stelle des Buches gelangen wir zu einem enorm wichtigen Bereich des menschlichen Seins, denn hier geht es um die Gesundheit. Es ist enorm wichtig, das Wesen einer Krankheit überhaupt zu verstehen. Ist eine Krankheit erst einmal ausgebrochen, so ist es schon reichlich spät, um Vorsorge zu betreiben. Es geht dabei um etwas Großes, denn eine Krankheit ist erst die Folge eines Großen Zusammenhangs, der nicht geheilt wurde, obwohl dieser schon länger thematisiert wurde. Ist eine Krankheit vorhanden, so ist dies ein untrügliches Zeichen dafür, dass der Betroffene in seinem Leben etwas Großes übersehen hat. Erst dadurch wird vielen Menschen bewusst, dass sie schon länger etwas negieren, was sie längst hätten erledigen sollen. Ist die Krankheit vorhanden, so zeigt die Seele auf, dass etwas Wichtiges im Leben unbeachtet geblieben ist.

Wenn Menschen in eine Krankheit hineingehen, haben sie meist keine Ahnung davon, was sie jetzt ereilt. Viele glauben, dass es der Zufall ist, der sie zu einem Opfer der Krankheit macht. Doch dies ist ein Irrtum. Ist es zu einer Krankheit gekommen, bleibt nur eine Möglichkeit: nach der eigentlichen Ursache dafür zu suchen. Ist dies der Fall und die Seele nimmt wahr, dass sie Gehör findet, dann wird Heilung auch schnell wieder möglich. Heilung ist etwas Schönes, denn dadurch wird nicht nur der Körper des Menschen heil, sondern auch seine Seele von alten Lasten befreit und das ist für alle ein Hochgenuss. Heilung kann aber auch ohne körperliche Symptome erfolgen. Die körperliche Form der Heilung ist nur dann erforderlich, wenn der Seele ihre Heilung durch den menschlichen Anteil verwehrt wurde. Ist dies geschehen und alle sind heil, dann kann die Krankheit vollständig aus dem System verschwinden.

Bleibt jedoch ein Teil dessen ungeheilt, so ist die Krankheit immer noch nicht ganz aus dem System verschwunden. Es ist somit ein ganzes System, das hier geheilt werden muss. Bleibt ein Teil ungeheilt, so ist es für das System ein Problem und es entsteht eine Wiederholung der Krankheit oder ein anderes Symptom tritt auf. Dies ist dann nur ein Ausdruck des eigentlichen Systemproblems, das auf Heilung wartet. Wurde die Krankheit nicht vollständig geheilt, bleibt der Seele keine andere Wahl, als dafür zu sorgen, dass sie erneut Aufmerksamkeit für diesen Teil bekommt.

Hier an dieser Stelle scheint das Ganze ja sehr einfach dargestellt und daher auch einfach lösbar zu sein. Doch der Schein trügt, denn die Zusammenhänge sind komplexer zu sehen. Keine Krankheit ist nur auf ein einzelnes Thema fixiert. Es handelt sich dabei immer um eine Vielzahl von Verstrickungen, die alle zusammen ein Geflecht ergeben, das die Krankheit erst ermöglicht hat. Hier ist die Seele verantwortlich zu machen, denn sie stört das System durch das Erscheinen der Krankheit. Bleibt die Krankheit im System, so leidet in erster Linie der physische Anteil darunter. Die Seele sieht ihren Sinn darin, Heilung auf allen Ebenen einzufordern. Nur so wird die Entwicklung zu einem höheren Wesen erst möglich gemacht. Nachdem dies das Ziel des ganzen Seins ist, muss dem Aufmerksamkeit geschenkt werden. Ist ein Mensch jedoch nicht bereit, diesem Aufmerksamkeit zu schenken, so muss er sich mit den Erscheinungen in seiner Physis entsprechend auseinandersetzen. Bleiben die Zeichen unbeachtet, so kann diese Krankheit einen langen Weg der Erscheinungen nach sich ziehen. Sie wird den Menschen so lange bei sich halten, bis er entweder freiwillig darauf eingeht oder diese Krankheit ist der Teil, über den er das Leben verlassen wird.

Menschen glauben, dass ihre Seele von ihnen getrennt ist und dass diese böse ist, weil sie ihn so quält. Dies ist bei vielen der Fall, sie fühlen sich als Opfer einer Willkür und glauben, dass nichts davon mit ihnen in Verbindung steht, was diese Krankheit ausgelöst hat. Alles ist nur ein schlechter Witz und der Zufall regiert an dieser Stelle und sorgt dafür, dass diese Krankheit im Leben erscheint. Es ist jedoch ein großer Irrtum zu glauben, dass eine Krankheit einfach nur so auftritt und dass immer andere daran Schuld haben. Letztlich hat die Seele zuvor mehrfach versucht, auf ein Thema hinzuweisen, das besondere Aufmerksamkeit verdient. Dies tat sie nicht nur einmal, sondern tausende Male hat sie versucht, ihren irdischen Anteil darauf aufmerksam zu machen.

Hier auf dieser Ebene ist die Verbindung zwischen Mensch und Seele für die meisten Menschen kaum wahrnehmbar. Sie glauben, dass sie getrennt sind und die Seele irgendwo ist, doch dieses Irgendwo ist ganz weit weg und sie haben dazu keinen Zugang. Ist dieser Irrglaube erst einmal aufgedeckt und die Menschen erfahren, dass die Seele immer mit dabei ist und alles hautnah miterlebt, so wird es einfacher, den Einfluss der Seele auch an die Oberfläche zu bringen. Ein Leben ohne Seele ist unmöglich und wenn ein Mensch seinen Ego-Anteil nicht weit genug in den Hintergrund bringt, dann wird die Seele immer mit anderen Mitteln agieren müssen, als wie wenn jemand dafür sorgt, dass seine Seele Gehör findet, indem er sich auf ihre Bedürfnisse einlässt.

An dieser Stelle des Buches ist nun die Grundlage des Verständnisses der Seele gegeben. Das bedeutet, wir können uns auf die Grundlagen zur Heilung konzentrieren.

Die Grundlage der Ursache für eine Krankheit

Die Grundlage, damit eine Ursache überhaupt die Kraft bekommt, um eine Krankheit auszulösen, liegt in einem Bereich des menschlichen Seins, der nur der Seele zugänglich ist. Eine Ursache, die in den früheren Leben eines Menschen zu suchen ist. Ganz vieles aus früheren Zeiten spielt auch in diesem Leben eine bedeutende Rolle. Ein Mensch hat viele Inkarnationen absolviert und aus nahezu allen hat er eine ungelöste Aufgabe mit in dieses Leben gebracht. Hier sind so viele alte Leben mit im Spiel, dass kaum jemand den Überblick bewahren kann. Daher ist dies die Aufgabe der Seele, sich darum zu kümmern, dass alle Altlasten bereinigt werden können. Ein menschliches Wesen wäre mit seinen Möglichkeiten nicht im Stande, sich über alles herzumachen, was noch zu bereinigen ist. Hier wird demnach vieles verarbeitet, ohne dass ein Mensch überhaupt davon Notiz nimmt. Die Seele arbeitet permanent, damit Altes nicht mehr von Bedeutung ist. Sie hat die Aufgabe bekommen, so viel wie nur irgend möglich an Altlasten abzubauen, damit das Irdische befreit werden kann.

In dieser Ebene geht es um den Abschluss von Tausenden von Inkarnationen, um eine höhere Ebene anzusteuern. Es ist für die Seele jedoch schwierig geworden, alles alleine zu machen. Der menschliche Anteil ist oftmals ebenso gefordert, da die Ursachen in dieses Leben mitgenommen wurden und diese sich jetzt noch einmal im Leben zeigen und Begegnungen stattfinden, die mit den alten Ereignissen in Verbindung stehen. Wenn ein Mensch dieses Leben betritt, dann hat er eine Vielzahl von Aufgaben mitgenommen. Wenn er sich darauf besinnt, diese auch zu erfüllen, hat er es im Leben leicht. Ist er jedoch nicht dazu bereit, dann muss er immer wieder darauf hingewiesen werden.

Hier ist es genauso wie in allen früheren Leben, doch ist die Summe der zu erfüllenden Aufgaben um ein vielfaches größer, weil es eben um einen Abschluss geht. Hier braucht die Seele das aktive Zutun ihres irdischen Anteils, damit die Aufgaben gelöst werden können. Es ist somit gefordert, dass ein

Miteinander entsteht, in dem die Seele auch ihre Heilung erfährt und jegliche Unterstützung bekommt, die sie braucht, um an ihre Aufgaben herangehen zu können.

Erhält die Seele über einen längeren Zeitraum keine Aufmerksamkeit, so ist dies der Anlass für eine Krankheit. Damit wird dem Menschen ein Zeichen gegeben, dass sie ihn braucht. Ist die Krankheit eingetreten und kann die angestrebte Aufmerksamkeit dennoch nicht erreicht werden, so wird die Seele nicht anders können, als weitere drastischere Maßnahmen zu ergreifen, die das Leben weiter einschränken, um die erforderliche Aufmerksamkeit zu erlangen.

Es ist mir ein Anliegen, dass möglichst alle Menschen verstehen, dass nicht irgendjemand dafür verantwortlich ist, dass die Krankheit hier ist, sondern dass jeder versteht, dass die Krankheit etwas ist, das ihm dient und dass sie etwas von ihm will. Denn nur dann kann sie ihren Zweck erfüllen. Sobald dieser erfüllt ist, braucht sie nicht weiter zu existieren und es kann Heilung eintreten.

Niemals wird Heilung einfach nur so geschehen

In der Menschenwelt ist es weit verbreitet, mit einer Krankheit behaftet zu einem Heiler zu gehen, der wieder alles richten soll. Diese Heiler heißen heute Ärzte und sie agieren mit zahlreichen Mitteln, um die Heilung der Symptome zu erreichen. Doch ist dies nicht das Ziel des Eingriffes, denn die eigentliche Ursache bleibt davon ausgenommen. Ist der Arzt am Werk, so gibt sich der Patient hin und möchte für seine Beschwerden Linderung erfahren. Doch die eigentliche Ursache ist damit längst nicht beseitigt und alles beginnt von vorne.

Ärzte und ihre Heilmethoden haben gute Erfolge gebracht. Immer neue Behandlungsmethoden der immer noch zahlreicher werdenden Krankheitsbilder stehen zur Verfügung. Je mehr sich die Forschung bemüht, Heilmethoden und Medikamente zu entwickeln, umso mehr entfernt sich die Menschheit vom eigentlichen Zweck der Erkrankung und umso mehr entfernt sich der einzelne Mensch von seiner Seele.

Ich habe Krankheitsgeschichten von Menschen verfolgt, die über Jahrzehnte unzählige Behandlungen und Operationen über sich ergehen ließen, um die Symptome zu bekämpfen und ihr Leben zu retten. Vielen wurden Organe teilweise oder gänzlich entfernt, hochgiftige chemische Substanzen zugeführt, um zumindest Linderung und Lebensverlängerung zu erwirken. Doch der Preis für die Erleichterung, die nur selten auch wirklich von Dauer war, war enorm hoch. Die Lebensqualität litt massiv darunter und die Folgeerscheinungen ließen das Leben oftmals ganz und gar nicht lebenswert erscheinen.

Angesichts dessen, worum es bei einer Krankheit wirklich geht, erscheint die Tortur, der sich viele unterzogen, als absoluter Wahnsinn. Dabei wäre es ja so einfach, sich darauf zu besinnen, dass die Krankheit nur ein Hilferuf der Seele ist. Wäre dieser laute Aufschrei schon viel früher beachtet worden, so wäre die Krankheit ausgeblieben. Wäre der Zweck der Krankheit hinterfragt worden, hätte man sich unzählige Behandlungen und Operationen ersparen können. Demnach ist eine Krankheit nichts anderes als die Verweigerung der Zusammenarbeit mit seiner Seele und das Verhindern der gemeinsamen Bewältigung von Altlasten, um den Inkarnationszyklus in der Dichte der Materie abzuschließen.

Jetzt kennen Sie die Ursache dafür, dass unsere Welt so krank ist und überall so viel Leid zu beobachten ist. Die herkömmlichen Heilmethoden führen nicht zum gewünschten Ergebnis. Selbst viele Alternativ- und Naturheilmethoden versagen mittlerweile, weil es nicht mehr um die Bewältigung von alltäglichen Dingen geht, sondern um die Bewältigung der richtig großen Dinge unseres Seins, über die wir uns bereit machen, eine höhere Erfahrungsebene zu erreichen.

Viele warten darauf, das jemand wie Jesus kommt und ihnen auf einen Schlag alle Lasten abnimmt. Doch dieser Eine ist bereits vor zweitausend Jahren dagewesen und hat verkündet, dass alles nur im Einklang mit der Göttlichkeit zu geschehen hat. Denn nur dann ist alles möglich, wenn ein Mensch anfängt, sich auf seinen inneren Gott zu verlassen. Und dieser innere Gott ist unsere Seele. Der Grund, warum die Menschheit nichts von den Lehren Jesu aufgenommen hat, ist der, dass es ihr entsprechend verwehrt wurde und man hat Menschen wie Jesus gejagt, um sie davon zu überzeugen, dass sie kein Recht haben, in dieser Ebene zu existieren. Hier stehen wir nun und müssen zur Kenntnis nehmen, dass Heilung mittlerweile nur mehr dann vollständig möglich ist, wenn die Bedürfnisse der Seele beachtet und erfüllt werden.

Die Menschheit hat den eigentlichen Sinn des Lebens aus den Augen verloren und der Weg zurück führt über unsere Seele. Es gibt keinen besseren Zeitpunkt, als jetzt sofort diesen Weg einzuschlagen. Selbst zahlreiche Esoteriker und Energetiker erfüllen diese Anforderung nur unzureichend, denn sie glauben über ihre grundlegend auf das Geistige ausgerichtete Gesinnung bereits ausreichend für ihre Seele und ihren Seelenauftrag zu leisten. Doch immer mehr müssen anerkennen, dass auch sie den Weg zu ihrer Seele noch nicht vollständig gefunden haben. Ein Mensch, der im Einklang mit seiner Seele lebt, ist kerngesund und es fehlt ihm an absolut gar nichts. Er lebt in der Fülle, ist aktiv, leistungsfähig, fröhlich, frei von Ängsten, Aggressionen, negativen Gedanken und sein Leben ist auf etwas ausgerichtet, das weit über ihn selbst hinausgeht und ihn vollständig glücklich macht. Wenn Sie sich zu den ganz wenigen zählen, auf die diese Beschreibung zutrifft, dann gratuliere ich Ihnen von Herzen! Sollten Sie sich jedoch nicht vollständig darin wiederfinden, so wissen Sie jetzt, dass ein Umdenken angesagt ist und Arbeit mit Ihrer Seele auf Sie wartet!

Ist der Mensch erst einmal erkrankt, dann hilft es nichts, sich auf jemanden zu verlassen, der es wieder richten wird. Es geht darum, die Ursachen für die Erkrankung zu finden. Jeder, der sich auf Ursachenforschung begibt, erkennt, dass so gut wie jede Krankheit ihre Ursache in einem früheren Leben hat. Es handelt sich dabei um Erlebnisse, die traumatisch waren, die mit viel Leid einhergegangen sind und die damals keiner Heilung zugeführt werden konnten. Das bedeutet, dass jeder gefordert ist, sich mit alten Dingen auseinanderzusetzen, an die er sich nicht erinnern kann, weil diese aus einer früheren Inkarnation stammen. Hier finden Sie nun die Lösung für alles, was sich in ihrer Physis zeigt, damit sie alles loslassen können, was sie noch belastet.

Die Heilung erfordert zuerst den Kontakt zur Seele. Dieser ist unumgänglich, denn ohne diesen kann keinesfalls die vollständige Information einfließen, die erforderlich ist, um das Thema zu erkennen. Ist ein Leben durch eine Krankheit gestört, so ist es Zeit, die Seele zu involvieren. Keinesfalls sollte ein Arzt die Behandlung angehen, bevor die Seele nicht befragt wurde. Nur durch die Beseitigung der Ursache, kann Heilung eintreten, die durch einen Arzt unterstützt werden kann. Doch zuerst muss die Ursache beseitigt werden!

Hat die Seele alles bereinigt, was sie gerne loslassen möchte, ist sie zufrieden und es gibt dann keine Energie mehr, die der Krankheit als Lebenskraft zur Verfügung stünde. Ist dies geschehen, kann die Heilung oft sehr schnell gehen oder sogar sofort eintreten. Heilung ist etwas Spontanes, wenn es sich um Dinge handelt, die in der Physis noch keine grundlegenden

Veränderungen hervorgerufen haben. Sind bereits körperliche Schäden eingetreten, kann sich die Heilung über einen längeren Prozess erstrecken.

Kommt ein Mensch mit der Heilung in Berührung, so passiert etwas Großartiges. Die Bereinigung durch seine Seele ist die große Belohnung als Dank für sein Leid, das er auf sich genommen hat. Er bekommt eine große Sache angeboten, die sich Aufstieg nennt. Jemand, der einmal intensiv mit seiner Seele zusammengearbeitet hat, wird dies immer wieder tun, denn er erkennt, dass diese Arbeit einen großen Wert hat und dieser Wert nimmt zu, je mehr jemand an sich arbeitet.

Die Grundlage der Heilung

Die Grundlage ist sehr wertvoll. Ist die Heilung angestrebt, dann weiß ein Mensch, dass er mit seiner Seele in Kontakt treten muss, um genau das zu erreichen. Indem ein Mensch dies tut, ändert er sein gesamtes Sein. Seine Ausstrahlung ändert sich, er beginnt nur noch das anzuziehen, was seine Seele möchte und er beginnt sich von allem zu entfernen, das das Leid weiter unterstützt. Er ändert sein Leben und er beginnt sein Sein auf eine neue Welt auszurichten, auch wenn ihm dies im Wesentlichen nicht sofort bewusst sein mag. Heilung ist als Grundlage sehr wertvoll, denn sie ist die Leiter in ein neues Leben, von dem jeder Mensch träumt.

Hier ist die Lösung für alle Probleme der Menschheit zu finden. Hier gibt es keine Probleme mehr, hier gibt es nur noch Lösungen und Heilung für absolut alles, was ein Menschenleben braucht. In diesem Zustand der Heilung gerät ein Mensch mit allen Sinnen mit seiner Seele in Berührung und jeder, der das durchlebt hat, wird erkennen, dass ihn die Krankheit verändert hat. Sie hat ihm geholfen, das zu werden, was seine Seele möchte und er hat begonnen, sich selbst vollständig zu wandeln. Heilung ist wundervoll, denn sie befreit von allem Alten. Heilung ist wundervoll, denn sie bringt viel Neues in das Leben eines Menschen.

Der Heilungsprozess

Eine Krankheit ist nicht einfach nur ein Ding, das man hat, sie ist eine Wesenheit, die im System des Patienten zuhause ist, hier ihre Aufgabe erfüllt und dafür sorgt, dass die mit der Seele vereinbarten Ereignisse eintreten. So wie jede Wesenheit verdient die Krankheit Anerkennung, Respekt und Wertschätzung. Ein entsprechender Umgang ist wichtig, denn eine Verurteilung ist kontraproduktiv. Viel zu oft wird gegen eine Krankheit gekämpft und versucht diese zu besiegen, doch sowie man sich in Kampfposition begibt, verliert man den Anschluss an die Liebe. Doch es ist die Liebe, die alles durchdringt und alles heilt.

Die Wesenheit Krankheit hat demnach eine Aufgabe zu erfüllen. Die Aufgabe ist, das was die Krankheit erreichen möchte, in Zusammenarbeit mit der Seele auf eine andere Art und Weise zu erreichen. Das bedeutet, die Krankheit wird durch alternative Wege unterstützt, ihre positive Absicht, dem Patienten zu dienen, zu erfüllen. Denn sowie ihre Aufgabe erfüllt ist, gibt es für sie keinen Grund mehr, weiterhin präsent zu sein. Eine Krankheit versucht den Menschen auf einen Weg zu bringen, der ihm hilft, seine Aufgaben hier in dieser Ebene zu erfüllen und macht ihn damit auf alles aufmerksam, was zu bereinigen noch ansteht.

Der nächste Schritt ist demnach festzustellen, was die Krankheit erreichen möchte, und Wege zu finden, wie dies erreicht werden kann. Zumeist will die Seele, dass die Aufmerksamkeit auf ein Lebensthema gelenkt wird. In diesem Bereich warten Aufgaben, die schon lange hätten erfüllt werden sollen und gegenüber dem Lebensplan herrscht ein gewisser Zeitverzug. Die Seele stellt bereitwillig alle erforderlichen Informationen zur Verfügung, man muss sich nur die Mühe machen, auf sie zu hören! Wenn Sie glauben, dass Sie dies nicht können, so werden Sie eines Besseren belehrt werden.

Nachdem Sie nun wissen, dass Sie mit Ihrer Krankheit respektvoll umgehen sollen und Sie das Ziel erkannt haben, das sie verfolgt, können Sie sich daran machen, die Ursachen aus früheren Zeiten zu klären. Das Wertvolle daran ist die Erkenntnis, die man gewinnt, wenn man sich die Mühe macht und in sein Unterbewusstsein vordringt, um von seiner Seele gezeigt zu bekommen, was sich in früheren Leben zugetragen hat, das noch nicht in Liebe aufgelöst werden konnte. Dadurch bekommt man ein tiefes Verständnis dafür, warum jetzt diese Krankheit aufgetreten ist. Die Technik, wie Sie einen Ausflug in Ihr Unterbewusstsein machen können und karmische Ereignisse im Handumdrehen heilen, können Sie meinem Buch „Programmcode: Lebenslust & Liebe" entnehmen. Prüfen Sie, ob es möglicherweise mehrere frühere Ereignisse gibt, die damit in Verbindung stehen.

Damit eine Krankheit auftreten kann, braucht sie einen Auslöser. Zumeist sind es Ereignisse, die mit einer starken emotionalen Belastung einhergehen. Traumatische Erlebnisse, die als Startknopf für die in Ihrem System bereits verankerten Grundlagen der Krankheit fungieren. Ein Erlebnis, das Sie entweder schwer betroffen macht, das Ihnen ganz und gar nicht gefällt, über das Sie sich vielleicht sehr ärgern oder ein Erlebnis, in dem Sie einen Verlust hinnehmen. Alles Mögliche kann die Ursache dafür sein, dass die Krankheit ihren Verlauf startet. Somit ist es von größter Wichtigkeit, den oder die Auslöser für Ihre Krankheit zu finden und ebenso zu heilen. Zumeist wird die Technik der „Zauberkiste" zur Heilung von traumatischen Erlebnissen angewandt.

Im Seelenplan sind bereits gewisse Krankheitsbilder, die in diesem Leben zutage treten könnten, verankert. Hier hat die Seele die Grundlagen jeglicher Form von Krankheit, die in Ihrem Leben erscheinen könnte, bereits abgespeichert. Das bedeutet, dass dieser Plan ebenso bereinigt werden sollte, um weitere Belastungen ausschließen zu können. Dazu ist es erforderlich, diesen Plan aufzurufen und über die Seele eine Vereinbarung zu schließen. Diese sieht vor, dass alle Passagen, die eine physische Erkrankung ermöglichen, aus dem Plan gestrichen werden. Stimmt die Seele zu, ist dies sofort möglich und es bedarf lediglich der Transformation dieser Passagen im

Herzen. Treten Sie mit Ihrer Seele in einen Dialog und sprechen Sie folgendes:

„Geliebte Seele, ich möchte sämtliche Passagen meines Seelenplans löschen, die eine physische oder psychische Erkrankung ermöglichen. Im Gegenzug ersuche ich die vollständige Genesung und die Erhaltung meiner Gesundheit und körperliche und geistige Leistungsfähigkeit bis zum letzten Tag in meinem Seelenplan zu verankern. Ist dies nicht möglich, so möchte ich dafür sorgen, dass ich meinen Teil dazu beitragen kann, um die vollständige Genesung herbeizuführen."

Ist die Genesung aufgrund von Einschränkungen bzw. Schädigungen nicht vollständig möglich, so müssen alle ihren Teil dazu beitragen, damit die Genesung zumindest soweit fortschreiten kann, dass Sie sich trotz gewisser Einschränkungen gut fühlen. Ein Leben ist in vielerlei Hinsicht heilbar, obwohl natürlich verlorene Organe oder sonstige Körperteile, die schwer geschädigt wurden, noch nicht vollständig wiederhergestellt werden können. Sie können meinen, dass dies doch möglich sein müsste, doch ist dies die nächste Stufe der Forschung, die es noch anzustellen gilt.

Ist Ihre Seele mit der Seelenplanänderung einverstanden, so sprechen Sie folgenden Transformationssatz:

„Ich gebe sämtliche Passagen meines Seelenplans, die soeben ungültig geworden sind und durch neue Vereinbarungen ersetzt wurden, in meinem Herzen zur Transformation frei."

Damit sich der Körper vollends wiederherstellen kann, braucht es einer Unterstützung auf energetischer Ebene. Hier ist es wichtig zu wissen, dass jede Krankheit mit einer gewissen Schwingung auf die befallenen Teile des Körpers einwirkt. Diese Schwingungen sind sehr niedrig und verlagern das gesamte Gefüge auf eine niedrigere Frequenzstufe. Hier gilt es entsprechend entgegenzuwirken. Dies funktioniert sehr einfach, denn man kann die betroffenen Körperteile im Herzen heilen und dort die Transformation vornehmen. Dazu brauchen Sie sich lediglich auf das betroffene Körperteil zu konzentrieren und dieses im Herzen zur Transformation freigeben. Hier der Transformationssatz:

„Ich gebe (z. B. meine Schilddrüse) mit allen darin enthaltenen und umgebenden Energien in meinem Herzen zur Transformation frei."

Und schon fühlen Sie, wie die Transformation alle niedrig schwingenden Energien umwandelt, es erhöht sich die Frequenz im betroffenen Körperteil und die Liebe hält Einzug.

Nun folgt der entscheidende Teil im Heilungsprozess. Jetzt geht es nach Abschluss der zuvor aufgelisteten Arbeiten darum, die Krankheit aus Ihrer Urzelle zu entfernen. Dazu gehen Sie so vor, wie ich es Ihnen bereits im Kapitel „die Urzelle neu programmieren" vorgestellt habe.

Sie kennen nun den Heilungsprozess und wissen, was zu tun ist, damit Sie sich von Ihren Krankheiten befreien und damit Ihre Seele in ihrer Aufgabe unterstützen können. Hier der Prozess nochmals in Kurzform:

- Die Krankheit respektvoll als dienende Wesenheit anerkennen und annehmen, dass sie derzeit ein Teil von Ihnen ist, der für Sie etwas Positives bewirken möchte. Dazu geben Sie das Bild von Ihnen mit Ihrer Krankheit in Ihrem Herzen zur Transformation frei.
- Mit Ihrer Seele in Kontakt treten und herausfinden, welches Ziel die Krankheit verfolgt und ihr helfen, dieses auf anderen Wegen durch Ihre aktive Mithilfe zu erreichen.
- Karmische Ursachen für die Krankheit durch einen Ausflug ins Unterbewusstsein heilen/auflösen.
- Die Auslöser der Krankheit, die in diesem Leben aufgetreten sind, durch Heilung dieser traumatischen Erlebnisse beseitigen.
- Seelenplan bereinigen und alle Grundlagen für weitere Erkrankungen beseitigen.
- Energetische Bereinigung der von der Krankheit betroffenen Körperbestandteile.
- Krankheit aus der Urzelle entfernen.

Durch diesen Prozess begibt sich das Leben auf dem Weg der Heilung, soweit dies physisch möglich ist. Um diesen Prozess zu unterstützen, braucht es nur noch das Bild des völlig geheilten Zustands im Herzen zu transformieren. Darüber hinaus ist noch das Ritual aus dem Kapitel „Abschlussarbeit" kurz vor Ende des Buches zu empfehlen.

Unfälle und alles, was damit in Verbindung steht

Ein Unfall ist ein völlig überraschendes Ereignis, mit dem niemand rechnet. Ganz plötzlich läuft irgendetwas schief und etwas gerät aus dem Ruder. Häufig zieht ein Unfall Verletzungen nach sich, diese möchten ebenfalls etwas bewirken. Ist ein Unfall erst einmal geschehen, dann ist es auch hier wieder zu spät, um Vorsorge zu betreiben. Dass ein Unfall ein rein zufälliges Produkt des Lebens ist, ist einer der größten Irrtümer der Menschheit. Im Leben ist alles vorgeplant. Ein Unfall ist ein Hilferuf der Seele. Sie will nichts anderes als eine Zurechtrückung des irdischen Anteils, seiner Intentionen und des Weges, den dieser eingeschlagen hat.

Ist dies geschehen und es wird angenommen, so ist der Unfall sinnvoll verlaufen und er hat seine Aufgabe erfüllt. Verfehlt das Ereignis seine Wirkung, so entstehen weitere Komplikationen, die damit in Verbindung stehen. Ein Unfall kann in derselben Sekunde, in der er passiert, seinen Zweck bereits erfüllt haben und das Leben geht weiter. Doch die Ursache ist im System des Menschen abgespeichert und tut dort ihre Wirkung, indem sie dafür sorgt, dass andere Wege beschritten werden.

Ist ein Unfall für jemanden ohne körperliche Folgen aber mit einer Schrecksekunde verbunden, so kann auch dieser Unfall bereits sehr viel bewirken. Das, was darauf folgen sollte, ist eine Veränderung des Verhaltens und eine Konzentration auf höhere Werte. Die Seele möchte genau das erreichen, sie will dafür sorgen, dass immer noch höhere Werte angestrebt werden. Ein Menschenleben dient genau diesem Zweck, aus einem anderen Grund würde es niemals geführt werden wollen. Hat ein Mensch einen Unfall erlebt, so vergisst er diesen niemals. Die Eindrücke, die dabei gewonnen wurden, sind sehr intensiv und helfen dabei, sich immer wieder in bestimmten Situationen daran zu erinnern, dass dieses Ereignis etwas in ihm ausgelöst und bewirkt hat, das ihn letztlich deutlich vorwärts gebracht hat.

Viele Menschen reagieren jedoch auf Unfälle völlig falsch und leiten daraus große Ängste ab. Sie tun alles, um künftig so ein Missgeschick tunlichst zu vermeiden. Sie projizieren diese Ängste auch auf andere Menschen, ganz besonders auf ihre Kinder und sorgen auf diese Art dafür, dass die Kinder ohne diese Erfahrung selbst gemacht zu haben, davor große Angst haben. Ist dies geschehen, so projiziert wiederum die nächste Generation ihre überlieferten Ängste auf ihre Kinder und so weiter und so fort und schon dreht sich das Karussell der Ängste, anstatt die eigentlichen Lehren daraus zu ziehen und die Heilung für das Ereignis voranzutreiben.

Aspekte der Heilung

Heilung ist für alle Menschen jederzeit möglich, doch ist dies auf jeden Fall ein Prozess, der aktiv und bewusst vorangetrieben werden muss. Heilung ist etwas, bei dem der Betroffene sehr viel lernen kann. Er kann verstehen, was die Krankheit mit ihm genau gemacht hat und lernt, seinen Körper besser zu beobachten und auf die Impulse der Seele zu achten. Heilung ist wichtig, denn nur das Heil-Sein ist die Grundlage für ein erfülltes Leben. Daher ist es enorm bedeutungsvoll, dass alle Menschen die Heilung erhalten, die sie brauchen, um wieder glücklich zu sein.

Ist dies nicht möglich, weil ein Mensch durch die Folgen seines Unfalls oder seiner Krankheit oder die Behandlungen, die ihm zuteil geworden sind, dauerhaft eingeschränkt ist, so ist er in seinem Gefäß, das wir Körper nennen, erst einmal nicht mehr vollständig wiederherstellbar. Denn die Folgen sind häufig zu stark, um alles wieder zu regenerieren, was geschädigt wurde. Heilung ist trotzdem möglich, denn die Linderung der Auswirkungen, die noch von den Folgen des Ereignisses zu tragen sind, können dazu führen, dass das Leben weitgehend wieder normal verlaufen kann, selbst wenn der Körper nicht vollständig wiederhergestellt werden konnte. In diesem Falle kann man dem Menschen trotzdem sehr behilflich sein und ihm den Frieden mit seiner Krankheit oder seinen Unfallfolgen bringen. Der Friede im Inneren ist das Wichtigste, das ein Mensch haben kann, denn dann kann er auch alles annehmen, was ihn möglicherweise in seinem weiteren Leben einschränken wird.

Anstatt Frieden zu finden hadern viele mit ihrem Schicksal und fühlen sich als Opfer und vom Leben ungerecht behandelt. Auf die Gefahr hin, dass es unsensibel klingen mag: jeder hat seine Erfahrungen selbst gewählt, jeder hat die Ereignisse selbst in sein Leben gerufen, auch wenn ihm dies nicht bewusst sein mag. Wir alle sind Schöpfer unserer eigenen Lebensumstände und wir alle haben gewählt, entweder im Einklang mit unserer Seele zu leben und mit ihr zusammenzuarbeiten oder aber sie zu negieren. Je mehr die unzähligen Hilferufe der Seele missachtet wurden, umso eher hat man jetzt mit den Folgen daraus zu leben.

Sie könnten jetzt vielleicht denken, dass das Vorgehen der Seele grausam ist und sie für oftmals schreckliche Dinge verantwortlich zu machen ist, doch diesem Gesichtspunkt muss ich widersprechen. Ohne die Zurechtweisungen der Seele würde das Leben letztlich keinen Sinn ergeben, ohne die Zurechtrückungen würde ein Mensch häufig weit vom Weg der Göttlichkeit abkommen und das Leben hier auf der Erde würde völlig entgleiten. Die Seelen sorgen dafür, dass das Leben in halbwegs geordneten Bahnen verläuft und eine kontinuierliche Entwicklung zum Göttlichen hin gesichert ist. Haben Sie sich schon einmal überlegt, was passieren würde, wenn die Menschen kein Gewissen hätten? Was glauben Sie, wie lange diese Welt noch existieren würde, wenn die Seelen nicht laufend mit heftigen Impulsen dafür sorgen würden, dass die vielen dunklen Gedanken und Pläne, die viele tagtäglich in ihrem Geist schmieden, nicht in die Umsetzung gelangen?

Eine Seele ist der Teil eines Menschen, der im Hintergrund agiert. Sie ist ein fixer Bestandteil des Wesens Mensch und sie ist letztlich der Steuermann, der dem irdischen Anteil Führung gibt. Über die vielen Inkarnationen führt sie ihn an einen gesicherten Ort, an dem die beiden Anteile wieder Eins werden können. Das ist das einzige Ziel, das neben den zahlreichen Erfahrungen in dieser Ebene angestrebt wird. Sie selbst sind Ihre Seele und niemand anderer sonst wirkt auf Sie ein, niemand hat Schuld, alles hat seinen höheren Sinn, den es zu erkennen gilt!

Die vollständige Heilung ermöglichen

Das Leben besteht aus verschiedenen Komponenten und so wie das Leben aus zahlreichen Bereichen besteht, so besteht auch die Heilung der Krankheit aus zahlreichen Bereichen, die alle einzeln betrachtet werden müssen. Eine einzelne Betrachtung und eine isolierte Behandlung eines einzelnen Teils würde niemals den gewünschten Erfolg bringen. Ist ein Mensch erst einmal erkrankt, dann hat sein System an verschiedenen Grundlagen einen Fehler. Erst wenn alle Fehler beseitigt wurden, ist die vollständige Heilung möglich.

Das, was die Menschheit unter Heilung im herkömmlichen Sinne versteht, ist die Beseitigung der Symptome und nicht die Heilung selbst. Heilung ist in allen Bereichen eines Wesens zu erfüllen, nichts darf zurückbleiben, denn sonst ist die Rückkehr der Krankheit gewiss. In einem Leben treten mehrere Krankheiten auf. Sie alle sind wichtig, um das Leben zu vervollständigen. Ist ein Mensch niemals krank, dann hat er etwas in seinem Leben verpasst, denn die Heilungsprozesse sind sehr wichtig und daher hat ein Mensch in seinem Leben auch mehrere solcher Prozesse vorgesehen. Die Standardkrankheiten, die jeder Mensch einmal hat, sind genau dafür gedacht, denn sie dienen dem System als Erfahrung und sie werden auch dringend gebraucht.

Ist ein Mensch in seiner Isolation von seiner Seele niemals krank, dann hat er niemals verstanden, was es bedeutet, ein Mensch zu sein. Denn eine gewisse Form von Leid ist dienlich, um Erkenntnisse zu bekommen. Doch sollten diese Erlebnisse niemals so heftig ausfallen, wie es bei so vielen Menschen der Fall ist. Niemals war es gedacht, so schwerwiegende Erkrankungen auf der Erde vorzufinden. Schon im Vorfeld hätte eine weise Wesenheit sich mit allem beschäftigt, was die Krankheit in ihren Vorstufen bereits hätte beseitigen können. Niemals wäre jemand so schwer krank geworden, wenn er die Vorzeichen rechtzeitig erkannt hätte.

Ein Leben braucht demnach gewisse Erfahrungen, die der Körper durchleiden muss. Doch so starkes Leid, wie die

Menschheit derzeit erdulden muss, ist nichts für schwache Nerven, denn alle Wesenheiten, die dies durchstehen, können voller Stolz auf etwas zurückblicken, das sie hat reifen lassen. Ein Leben, das von einer Krankheit begleitet wurde, ist ein reifes Leben und es hat auf jeden Fall mehr Wert als eines, in dem solch ein Erlebnis vollständig fehlt. Eine Wesenheit braucht eine Aufgabe, eine Herausforderung, die es reifen lässt. Jede Wesenheit hat Phasen in seinem Leben, in der sie mehr oder weniger gut in körperlicher Verfassung ist. Hier entstehen dann grundlegende Muster im Bewusstsein, die einen Mensch auch stärken können, wenn er dies zulässt. Hier entstehen Programmierungen in der Urzelle, die so wertvoll sind, dass sie für alle folgenden Leben ihren Wert weitertragen und alles, was darin enthalten ist, wird immer und ewig zur Verfügung stehen.

Erfahrungen sind das größte Gut eines Menschen und jeder sollte seinen Frieden finden mit allem, was er zu erdulden hat, aber er sollte es auch genau erkennen und analysieren, damit er versteht, worum es dabei wirklich geht. Heilung ist somit etwas für große Seelen, die bereit sind, die Herausforderung anzunehmen und ihr gesamtes Sein auf der Suche nach den Quellen der Krankheit zu durchforsten. Ein Leben braucht Heilung und Krankheiten wollen geheilt werden, keine will ewig im System verweilen, denn sie will ja nur ihre Aufgabe erfüllen, doch die Aufgabe, die eine Krankheit hat, ist die, dafür zu sorgen, dass die Themen, die in diesem Leben zu bereinigen sind, auch tatsächlich bereinigt werden. Dadurch, dass sich jemand auf die Krankheit einlässt, wird die Heilung in Gang gebracht, doch die vollständige Heilung erlangt man nur, wenn absolut alle Themen bereinigt werden!

7. Die Vorlage zum Aufstieg

Die Heilung des Seins

Mein Sein und auch das Ihre sind belastet worden, denn so vieles ist geschehen und so vieles wird vielleicht noch geschehen, das auf jeden Fall auf einer Grundlage aufbauen soll, die frei von Lasten ist. Mein Leben hat sich danach gesehnt, endlich alles loszulassen, was mich noch belastet hat. Hier bin ich nun und freue mich eines Lebens, das völlig frei ist und das alles geheilt hat, was noch aus früheren Zeiten auf mir gelastet hat. Ich bin frei und Sie können es auch sein! Mein Sein und auch das Ihre können von nun an ausschließlich auf dem aufbauen, was man heile Liebe nennt. Alles ist auf dieser Grundlage gebaut und nichts kann meinen inneren Frieden und meine Liebe stören. Alles ist erfüllt, was hat erfüllt werden wollen und nichts wartet mehr darauf, von mir bearbeitet oder erfahren zu werden. Ich bestimme, was von nun an passiert und ich bestimme die Qualität, die das alles erfahren soll.

Ich habe wachsam auf alles geachtet, was in meinem Leben nicht so verlaufen ist, wie ich es mir gewünscht habe. Ich habe alle Bereiche meines Seins durchforstet und festgestellt, dass überall entweder diverse Glaubensmuster oder alte Ereignisse die Ursache dafür waren, dass diese Bereiche sich anders gestaltet haben, wie ich es gewünscht habe. Ich habe mein Unterbewusstes durchforstet, um an die Quellen zu kommen, die das verursacht haben und ich bin überall fündig geworden und habe mich dann auf das konzentriert, was man die Heilung des Seins nennt. Hier ist die Anleitung, wie Sie auch Ihr gesamtes Leben heilen können. Vom ersten Moment an, wo es entstanden ist, bis zum heutigen Tag können Sie alles heilen, was noch ansteht, geheilt zu werden.

Mein Leben und das von ganz vielen anderen Seelen ist auf das aufgebaut worden, was man Heilungsauftrag nennt. Ich selbst bin, so wie ganz viele andere, in dieses Leben gegangen, ohne genau zu wissen, was mein Auftrag werden wird. Die Erfordernisse waren nicht sofort klar, als ich in dieses Leben gekommen bin. Ich habe mein Leben erst nach vielen Jahren klar präsentiert bekommen, um zu erkennen, worum es jetzt geht. Ich wurde solange im Untergrund gehalten, solange man nicht wusste, wofür genau man mich brauchen wird. Seit einigen Jahren ist nun völlig klar, was mein Auftrag ist. Doch in der Zeit davor, ist mein Leben einfach so dahingeplätschert, wie dies von vielen anderen Menschen auch. Oft wusste ich nicht, was ich hier eigentlich soll. Ich war frustriert, weil vieles, woran ich gearbeitet habe, nicht die Früchte getragen hat, die ich mir gewünscht hätte. Dies war aber auch nicht vorgesehen, denn ich sollte bereit und frei sein, wenn ich gebraucht werde.

Nachdem ich der Typ Mensch bin, der spontan auf das reagieren kann, was gefordert ist, konnte ich diesen Auftrag auch ausführen. Ganz viele andere Menschen haben ähnliche Aufträge, doch haben sie diese bis heute nicht erkannt und können sie nicht ausführen, obwohl es für das Vorankommen der Menschheit so wichtig und wertvoll wäre. Ich möchte, dass auch Sie erkennen, worin Ihr Auftrag besteht und dass Sie sich damit auseinandersetzen, was Sie hier eigentlich tun sollten. Machen Sie sich frei von allen Lasten, damit Ihr Auftrag in den Vordergrund treten kann und Sie erkennen können, warum Sie inkarniert sind.

Das erste Problem ist oft schon bei der Planung dieses Lebens zu finden. Ganz viele Menschen erkennen im Laufe der Planung, was dieses Leben bedeutet. Sie sehen, wie schwer es werden könnte und auf welche Hindernisse sie stoßen könnten. Dies schreckt viele davon ab, dieses Leben vollständig oder überhaupt erst zu beginnen. Diese Ebene ist etwas ganz Spezielles, denn sie ist mit allen Möglichkeiten behaftet, die man sich vorstellen kann. Schnell kommt ein Gefühl von Angst oder Überforderung auf, wenn man sieht, was alles sein könnte. Eine Seele könnte dies zurückschrecken lassen und dafür sorgen, dass jemand gar nicht in diese Welt gehen möchte, auch wenn er hier gebraucht wird. Oftmals entstehen bereits vor der Inkarnation traumatische Zustände, die sich bis in dieses Leben auswirken. In so einem Fall sollte für den Moment der Lebensplanung eine Traumabehandlung erfolgen.

Um zu überprüfen, wie Ihre Lebensplanung verlaufen ist, gehen Sie gedanklich zu diesem Zeitpunkt zurück, wo im

Detail festgelegt wurde, wie Ihr Leben verlaufen soll. Überprüfen Sie, wie Sie sich, zu diesem Zeitpunkt zurückversetzt, fühlen. Sollten Sie sich jetzt nicht voller Liebe, frei und leicht fühlen, so empfehle ich Ihnen, die Technik zur Heilung von traumatischen Erlebnissen anzuwenden. Packen Sie eine Zauberkiste mit allen bewussten und unbewussten Anteilen und führen Sie das Ritual zu Heilung durch. Die Anleitung dazu entnehmen Sie meinem Buch „Programmcode: Lebenslust & Liebe". Gleich im Anschluss werden Sie sich wundervoll leicht und voller Lebensfreude fühlen.

Eine Zeugung ist für viele Menschen entweder etwas ganz Besonders, weil die Liebe diesen Akt dominiert oder genau das Gegenteil davon. Viele Menschen erleiden ein Zeugungstrauma. Wenn man bedenkt, wie viele Kinder einer Ehe entstammen, die nicht auf Liebe beruht, können Sie sich gut vorstellen, was hier an Arbeit zu leisten ist, um all das zu beseitigen, was nicht Liebe ist. Mein Sein begann in Liebe, doch das von ganz vielen Menschen, die ich getroffen habe, hat ganz anders begonnen. Ich durfte vielen helfen, indem ich mit ihnen das Ritual der Heilung von traumatischen Erlebnissen durchgeführt habe und sie konnten von diesem Moment an ihr Leben ganz anders führen, als noch zuvor. Gehen Sie gedanklich zum Moment Ihrer Zeugung und prüfen Sie, wie Sie sich damals gefühlt haben. Je nach Intensität der möglichen negativen Gefühle, können Sie das Trauma-Heilungsritual durchführen, sofern das Gefühl für Sie sehr belastend ist. Andernfalls können Sie kleinere negative Gefühle durch Transformation in Ihrem Herzen heilen. Sprechen Sie, während Sie auf den Moment Ihrer Zeugung konzentriert bleiben, folgende Worte:

„Ich gebe den Moment meiner Zeugung mit allen bewussten und unbewussten Anteilen in meinem Herzen zur Transformation frei."

Unmittelbar danach werden Sie sich frei und voller Liebe fühlen. Sofern dies nicht der Fall ist, wird es Zeit für das Ritual zur Heilung des Zeugungs-Traumas.

Um Ihr gesamtes Leben vollständig zu heilen, ist es sinnvoll, jeden einzelnen Monat der Schwangerschaft, während sich Ihr Körper im Mutterleib entwickelt hat, auf mögliche Belastungen zu prüfen und diese zu heilen. Sie konzentrieren sich dazu auf Ihren ersten Monat im Leib Ihrer Mutter und fühlen genau in sich hinein, um festzustellen, ob sich in dieser Zeit etwas Belastendes zugetragen hat, das Auswirkungen auf Sie hat. Sie können diesen Zeitraum in Ihrem Herzen transformieren, um Sicherheit zu erlangen, dass alle aus dieser Zeit stammenden negativen Einflüsse beseitigt sind. Sprechen Sie, während Sie auf Ihren ersten Schwangerschaftsmonat konzentriert bleiben, folgende Worte:

„Ich gebe alle Erlebnisse meines ersten Schwangerschaftsmonats mit allen bewussten und unbewussten Anteilen in meinem Herzen zur Transformation frei."

Wenn Sie sich jetzt so richtig wohl und voller Liebe fühlen, dann ist alles bestens. Ist dem nicht so, dann wartet das Trauma-Ritual auf seine Durchführung.

Mein Sein begann in etwa so, wie die meisten Menschen dies erleben. Ich musste aus meiner frühen Zeit, während ich im Leib meiner Mutter heranwuchs, einige Traumen lösen, denn es war Zeit, absolut unbeeinflusst von negativen Energien in dieses Leben zu starten. Ich durfte dies auch erst Jahrzehnte später entdecken und durchführen, doch die Wirkung ist famos. Ich habe das Gefühl genossen, von allen alten Lasten, die mein Mutter erfahren musste, befreit zu sein. Gehen Sie jetzt Monat für Monat Ihrer Entwicklung durch und verfahren Sie immer gleich, bis Sie zum Moment Ihrer Geburt gelangen.

Die Geburt ist für viele alles andere als einfach, denn es ergeben sich laufend Komplikationen, die der Neuankömmling ganz anders wahrnimmt, als die meisten Menschen, die die Geburt begleiten, erahnen könnten. Sie ist oft eine traumatische Erfahrung, denn es ist schwer, heil in diese Welt zu kommen. Prüfen Sie daher genau, wie es Ihnen bei der Geburt ergangen ist und transformieren Sie Ihr Erlebnis im Herzen oder gegebenenfalls durch eine Trauma-Heilung.

Nachdem Sie nun bereits geübt sind, Zeiträume und die darin enthaltenen Erlebnisse zu heilen, empfehle ich Ihnen jedes einzelne Lebensjahr auf diese Weise zu heilen. Verfahren Sie dabei genau gleich und prüfen Sie sorgsam, ob nach der Transformation im Herzen noch Bestandteile negativer Gefühle oder Emotionen vorhanden sind. Gehen Sie erst dann zum nächsten Lebensjahr weiter, wenn Sie vollkommen sicher sind, dass es in diesem Jahr nicht doch das eine oder andere Erlebnis gegeben hat, das mittels Trauma-Heilung bearbeitet werden sollte.

Es wird so sein, dass Sie im Laufe der Arbeit konkrete Erinnerungen an diverse Erlebnisse haben werden, die nicht pauschal mit dem ganzen Zeitraum, sondern einzeln behandelt werden sollten. Es kann durchaus der Fall sein, dass Sie in einem Lebensjahr mehrere Traumen erlebt haben, die einzeln geheilt werden müssen. Arbeiten Sie so lange an jedem einzelnen Lebensjahr, bis nach getaner Transformation nur noch ein Gefühl von Freude und Leichtigkeit übrig bleibt.

Alle Lasten bereinigen

In einem Leben passieren zahlreiche Ereignisse und jedes einzelne davon hat seinen Sinn. Damit diese Erfahrungen überhaupt gemacht werden können, muss eine Seele erst einmal in diesen Körper eintreten, doch ist dies alles andere als einfach. Damit dies möglich wird, müssen gewisse Voraussetzungen geschaffen werden, die es der Seele ermöglichen, diesen Körper zu bewohnen. Eine Seele braucht Halt in diesem Körper, damit sie nicht sofort wieder entweicht. Daher braucht Sie eine „Last“, die sie in der Dreidimensionalität festhält.

Doch diese Last ist sehr groß und ein Mensch muss sie sein ganzes Leben tragen, um überhaupt in diesem Leben bleiben zu können. Lasten sind aber nichts Negatives, denn auch eine Last hat ihre Berechtigung. Daher sind Lasten auch die Grundlage der Erfahrung, denn ohne Belastungen könnte das Leben gar nicht stattfinden. Ist das Leben bereit, gelebt zu werden, so wird es mit verschiedenen Lasten behaftet, um überhaupt funktionieren zu können. Diese Lasten können im Laufe des Lebens schwerer werden und sich weiter aufladen und irgendwann sogar zu schwer werden. Diese Grundlagen können ein Leben so sehr belasten, dass es nicht mehr gelebt werden kann. Daher ist es wichtig, dass gewisse Lasten, wenn sie überhand nehmen, auch wieder gelöst werden. Dies ist der Teil, den ich Ihnen jetzt vorstellen möchte, damit Sie erkennen, welche Lasten ein Mensch auf sich nimmt, um das Leben zu erfahren. Sie halten hier das Werkzeug in Händen, um die Lasten, die Sie tragen, zu reduzieren, um es im Leben wieder deutlich leichter zu haben.

Indem ein Menschenleben entsteht, entwickelt sich ein Körper aus anderen heraus. Das heißt zwei Menschen erzeugen einen neuen Körper aus sich selbst heraus. Lasten wirken in vielerlei Hinsicht, denn sie werden von den Eltern auf ihre Kinder übertragen und sie lasten auf jedem, der hier existiert. Lasten können auch von anderen Bereichen des Seins stammen und sich kumuliert so gewaltig auswirken, dass es fast unmöglich ist, dieses Leben zu ertragen. Lasten sind groß und schwer, doch können Sie die **„Last der Herkunftsfamilie"** sofort ablegen, denn Ihre Familie ist die wichtigste Grundlast, die Sie zu tragen haben. Diese Last transformieren Sie, indem Sie sich darauf konzentrieren und folgenden Satz sprechen:

„Ich gebe die Last meiner Herkunftsfamilie in meinem Herzen zur Transformation frei."

Dadurch erreichen Sie, dass Sie von der Grundlast befreit werden und sich ganz frei fühlen können, was die Verantwortung Ihrer Herkunftsfamilie gegenüber betrifft. Das Leben und seine Lasten können Sie nach erfolgter Transformation nicht mehr beschweren und vieles wird sich deutlich leichter anfühlen. Es führt aber nicht dazu, dass die Last, die Sie nun transformiert haben, Sie zu leicht werden und den Boden unter den Füßen verlieren lässt. Sie werden dennoch hier bleiben können und es wird auch nicht dazu kommen, dass sich Ihre Seele verabschiedet. Durch die Transformation werden die Lasten nicht völlig von Ihnen genommen, sie werden nur bereinigt und damit deutlich reduziert.

Es gibt, wie bereits gesagt, zahlreiche solcher Lasten und ich möchte Ihnen anbieten, sich von allen überflüssigen Lasten zu befreien. Die nächste wichtige Last ist die **"Last des Kollektivs"**. Die Last, die Ihnen durch die Summe der Menschheit aufgeladen wird, ist eine große, denn Sie tragen alle Verfehlungen des Kollektivs mit sich und Sie können sich auch nicht vollständig vom Kollektiv lösen. Sie sind jedoch in der Lage, sich von allem, was Sie selbst nicht direkt verschuldet haben, aber dennoch auf Ihnen lastet, zu lösen. Sie sind in der Lage, die Last deutlich zu reduzieren und sich vollständig von den Verfehlungen des Kollektivs zu lösen. Verfehlungen ist zwar nicht der richtige Ausdruck, denn es gibt ja nur Erfahrungen und alle sind von Wert, doch die Lasten, die aufgrund von Handlungen zustande gekommen sind, die anderen Lebewesen Leid zugefügt haben, lasten auf allen Menschen.

Diese Loslösung bedeutet, dass Sie sich von den Machenschaften der gesamten Menschheit distanzieren und es nicht für gut heißen, was in dieser Welt passiert. Diese Art der Transformation bewirkt, dass Sie ein anderer Mensch werden und das Kollektiv als solches nicht mehr als den Teil betrachten, dem Sie sich zugehörig fühlen. Der Transformationssatz lautet:

„Ich gebe die Last des Kollektivs in meinem Herzen zur Transformation frei."

Auch diese Last ist nun deutlich reduziert und Sie werden fühlen, dass sich die Menschheit anderes anfühlt, als Sie selbst, denn der Teil, der nun nicht mehr Bestandteil Ihres Seins ist, wird von anderen getragen und Sie selbst gehören nicht mehr aktiv zu diesem Bestandteil des Lebens auf der Erde. Sie sind nun Bestandteil einer kleinen Gruppe, die bereit ist, sich vollständig von dieser Ebene zu distanzieren.

Die nächste Last, die alle Menschen tragen und auch vielen bereits zu groß geworden ist, ist die **"Last der Verantwortung gegenüber seinen Mitmenschen"**. Diese Verantwortung ist etwas anderes als die Last des Kollektivs. Es geht dabei darum, sich für die anderen verantwortlich zu fühlen, was sehr viele Menschen tun und daher kaum noch Gründe finden, sich zu freuen. Vielen ist diese Last zu groß geworden und Sie können diese jetzt loswerden, indem Sie diesen Satz sprechen:

„Ich gebe die Last der Verantwortung für meine Mitmenschen in meinem Herzen zur Transformation frei."

Der Teil, der nun folgt, ist einer der wichtigsten überhaupt, denn dieser Teil belastet die Menschheit am meisten. Es ist dies die **"Last der Dreidimensionalität"**. Dieser Bestandteil des menschlichen Seins befindet sich in Auflösung, denn jeder, der bereit ist, diese Ebene zu verlassen, wird auch vollständig von dieser Last befreit. Dieser Teil ist wichtig, denn die Menschheit will ja weiterkommen und ohne diese Last wird das Leben hier deutlich einfacher. Die Dreidimensionalität hinterlässt bei jedem Menschen ihre Spuren und sie sorgt dafür, dass sich der Einzelne immer wieder in das Spiel hier auf Erden verwickelt und immer wieder in den Strudel der Ereignisse rundum die Kämpfe der Egos hineingezogen wird.

Die Dreidimensionalität ist dann erledigt, wenn ein Ego aufgehört hat zu existieren und daraus ein Schöpfergott geworden ist. Daher ist es wichtig, dass alle Menschen den Weg der Auflösung des Egos gehen und ihre Dreidimensionalität ablegen. Hier ist nun der Schlüssel dazu.

„Ich gebe die Last der Dreidimensionalität in meinem Herzen zur Transformation frei."

Dieser Teil ist nun Geschichte und wir wenden uns den abschließenden Teilen zu. Die **"Last des Seins"** ist der nächste Teil, denn einfach nur zu sein braucht auch eine fundamentale Befestigung, sonst könnten Sie hier nicht sein. Doch Ihr Sein hat vieles erlebt und es ist immer schwerer zu ertragen geworden, einfach nur zu sein. Jetzt können Sie sich davon lösen und völlig unbeschwert weiterleben. Ihre **"Last der Verantwortung gegenüber der eigenen Familie"** ist der nächste Teil, den ich Ihnen hier ans Herz legen möchte, sich davon zu lösen. Befreien Sie sich vom Sein innerhalb der Familie. Sie können sich zwar als Teil dieser erkennen, doch haben Sie keine Verantwortung, weil jedes Leben eine eigene Verantwortung hat. Niemand ist für einen anderen verantwortlich, jeder hat gewählt, was er erleben möchte und wenn jemand glaubt, für jemanden verantwortlich zu sein, so befindet er sich in einem Abhängigkeitsverhältnis, das beiden Teilen nicht gut tut! Hier die letzten Transformationssätze:

„Ich gebe die Last des Seins in meinem Herzen zur Transformation frei."

„Ich gebe die Last der Verantwortung gegenüber meiner eigenen Familie zur Transformation frei."

Mein Leben hat sich dadurch weiter erleichtert, denn es fällt mir immer leichter, den Weg zu gehen, den ich für mich geplant habe. Ich möchte die Erde in der fünften Dimension sehen und dort hinkommen, um als Schöpfergott zu agieren und alles neu zu gestalten, wie die Menschheit mit sich selbst und allen andern Wesenheiten zusammenlebt. Völlig neue

Gesichtspunkte tun sich dabei auf und es wird ein Leben möglich, das ich und möglicherweise auch Sie hier und heute kaum für möglich halten. Mein Sein wird sich nun auf das vorbereiten, was kommt und Sie sollten dies auch tun, auch wenn es oftmals schwer fällt. Doch es ist auf jeden Fall wichtig, sich als das zu präsentieren, was einen Schöpfergott ausmacht.

Das Leben gemeinsam mit der Seele planen

Mein Leben war bisher von den Umständen geprägt, die in meinem Seelenplan festgehalten waren. Alles verlief genau so, wie es vorgesehen war und es traten alle Ereignisse ein, die ich gerne erfahren wollte. All dies ist zurückzuführen auf die Planung, die ich selbst für dieses Leben vorgenommen habe, auch wenn ich mich nicht mehr daran erinnern kann. Mein Leben ist jedoch im Laufe der Zeit einen großen Schritt vorwärts gekommen und ich durfte erfahren, wie ich mich selbst umprogrammieren kann, damit nur mehr das eintritt, was ich als Schöpfer meiner Lebensumstände auch wirklich selbst erfahren wollte. Als ich Dank meiner Seele erfahren konnte, was ich alles geplant hatte und was ich eigentlich nicht geplant wurde und nur durch meine innere Prägung erschaffen hatte, wurde es für mich äußerst spannend. Ich konnte mich selbst erkennen und sehen, womit ich all meine Erlebnisse erschaffen hatte, obwohl es gar nicht so vorgesehen war. Ich habe meine Prägungen gelebt und all das erfahren, was sich daraus entsprechend gespiegelt hat.

Mein neues Leben, das ich jetzt führe, ist von dem geprägt, was ich selbst gewählt habe. Alle innersten Prägungen, die mir nicht gefallen haben, konnte ich beseitigen, daher ist mein Leben jetzt völlig neutral. Alles verläuft nur mehr so, wie ich es selbst vorsehe und nichts passiert mir rein zufällig, wo es diesen Zufall ja gar nicht gibt. Mein Leben ist jetzt in der Kraft, wie ich es selbst wünsche und nichts anderes hat Platz darin. Ich bin zum Schöpfer geworden und kann bestimmen, worauf ich mich einlasse und worauf nicht.

Mein neues Leben gefällt mir weitgehend gut, obwohl ich erst lernen musste, wie genau die Schöpfung meines Lebens funktioniert. Ist dieses Leben nicht schön, wenn man selbst bestimmt, wie es verläuft? Ist es nicht wundervoll, wenn man all die Wunder, die es ja auch nicht gibt, entsprechend erfahren kann? Das, was man von einem Leben auf dieser Ebene zu erwarten hat, kann alles eintreten, denn es gibt nichts, was hier unmöglich wäre, außer es ist nicht im Rahmen dessen vorgesehen, was die Erde vorgibt. Hier ist alles möglich, sofern man es sich auch selbst zutraut. Hier ist nun die Anleitung, wie auch Sie Ihr Leben selbst in die Hand nehmen und dafür sorgen können, dass die Wunder auch in Ihrem Leben passieren.

Dieses Leben baut nicht mehr auf alten Plänen auf, sondern es geht darum, einen neuen Plan zu erstellen. Dieser Pan sollte alle Bereiche Ihres Lebens beinhalten. Somit ist es nun an der Zeit, alle Bereiche Ihres Seins aufzulisten und genau festzustellen, was Sie heute haben und wie es in naher Zukunft aussehen sollte. Sie sind aufgefordert, sich eine Liste von den Bereichen Ihres Seins zu machen, die Sie gerne verändern möchten. Hier folgen weitere Details, die Sie in Angriff nehmen sollten, um genau die Ergebnisse zu erzielen, die Sie sich vorgenommen haben.

Definieren Sie ganz genau, was Sie in den einzelnen Bereichen möchten. Seien Sie gründlich, denn das Leben ist nicht halbherzig, sondern immer vollständig. Bedenken Sie absolut alles, was Sie haben möchten und vergewissern Sie sich, dass Sie nichts ausgelassen haben. Das Leben wartet nun darauf, von Ihnen programmiert zu werden. Dazu ist es unumgänglich, Ihre Seele anzusprechen und ihr alles genauestens mitzuteilen, was Sie haben möchten. Sie ist diejenige, die Ihnen dabei hilft, genau das zu erreichen, was Sie sich vorgenommen haben. Sie braucht natürlich eine klare Anweisung, was und in welchem zeitlichen Rahmen alles stattfinden soll. Sie wiederum wird Ihnen mitteilen, inwieweit dies alles durchführbar ist oder ob es etwas in Ihnen zu erledigen gibt, das die Erfüllung Ihrer Vorgaben unter Umständen behindern könnte.

Ist dies alles geschehen und Ihre Seele hat zugestimmt, so können Sie sich auf das freuen, was auf Sie zukommt. Ihre Seele arbeitet unentwegt an all dem, was Sie ihr aufgetragen haben. Diese Aufgaben sind selbst für Ihre Seele eine Herausforderung. Denn es gilt die erforderlichen Situationen zu erschaffen, um genau zu dem Ergebnis zu kommen, das Sie vorgegeben haben. Wichtig ist dabei, dass Sie sich nicht abbringen lassen und bei Ihrem Plan bleiben, denn sonst ist Ihre Seele verwirrt und kann zu keinem Ergebnis kommen. Das Leben ist ja äußerst komplex und alles, was die Komplexität erhöht oder gar den Umstieg auf das neue Leben unterbindet, ist vorerst in Ihnen zu erlösen.

Ein Leben, das in Einklang und Zusammenarbeit mit Ihrer Seele geführt wird, ist ein einfaches, denn alles ist klar und deutlich und alle, für die die Information von Bedeutung ist, wissen Bescheid. Alles wird entsprechend gesteuert und alles ist in besten Händen. Denn die Macht, die in Ihnen lebt wird dadurch immer stärker und es wächst auch die Zuversicht mit allen Teilen, die Ihnen dann auch tatsächlich so erscheinen, wie Sie dies bestimmt haben. Sie werden dabei auch Misserfolge haben, denn es ist unweigerlich so, dass auch einmal Fehler gemacht werden. Vielleicht werden Sie von Ihrem Plan abkommen, denn auch das ist im Rahmen des Mensch-Seins absolut möglich. Das Scheitern an einem Projekt ist ja letztlich wieder nur ein Ansporn, es beim nächsten Mal richtig zu machen und daraus zu lernen.

Das Leben als fünfdimensionales Wesen

Ist das Leben an dieser Stelle angekommen, wo es sich weiterentwickeln möchte, so ist es an der Zeit, alle alten Bestände in der Programmierung loszulassen. Hier folgt nun der Bereich, der für den Aufstieg in die nächsthöhere Ebene als Vorbereitung zu sehen ist. Hier finden Sie nun den Teil, der Sie in die Lage versetzen wird, alles Alte loszulassen und sich auf etwas einzustellen, das weit größer ist, als Sie jemals geglaubt haben. Hier finden Sie die Programme, die Ihnen den Weg öffnen, um aus der Ebene der dritten Dimension hinaufsteigen zu können.

Es ist nun an der Zeit, dass Sie Bereiche des menschlichen Seins kennenlernen, die Ihnen bislang völlig unvorstellbar gewesen sind. Hier finden Sie Bereiche Ihres Seins, die zumal lange nicht das zum Ausdruck gebracht haben, wie sie sich selbst gefühlt haben und sie werden auch erkennen, dass das Gefühl des Neuen hier in Ihnen Platz einnimmt und alles andere aus Ihrem Fokus verschwindet. Hier entsteht nun ein Bereich in Ihnen, der für das Neue geöffnet wird und alles Alte hinter sich lässt.

Kommen wir nun zum ersten Programm, das sein Ende finden soll und Ihnen helfen wird, das Leben als Wesen Mensch aus einer höheren Ebene zu betrachten. Das Leben ist nun bereit, Ihnen zu zeigen, was Sie verändern sollen, damit die Ebene für Sie bald Geschichte sein kann. Das hier ist der erste Teil, den Sie hinterfragen sollten. Suchen Sie in Ihrer Urzelle den Bestandteil, der sich **"Dreidimensionalität"** nennt. Sie werden diesen aller Voraussicht nach im Bereich Ihres gesamten Körpers finden. Diesen zu entfernen wird erst möglich sein, wenn Sie Ihre **"Fünfdimensionalität"** in der Urzelle verankert haben.

Dazu erstellen Sie dieses Programm außerhalb Ihrer Urzelle, transformieren es in Ihrem Herzen und verbinden es mit der Liebe und mit der Göttlichkeit. Nun ist es Zeit, diesen neuen Bestandteil in Ihrer Urzelle einzubringen und richtig zu positionieren. Sie können die Positionierung dem neuen Bestandteil Ihrer Urzelle überlassen und ihn beauftragen, seinen angestammten Platz einzunehmen. Dann wird es dazu kommen, dass sich dieser nicht nur auf Ihren Körper beschränkt, sondern die gesamte Urzelle vollständig ausfüllt. Dass die Fünfdimensionalität über das rein Körperliche hinausgeht, ist bereits ein sehr deutlich erkennbares Unterscheidungsmerkmal und lässt erahnen, worum sich das Leben in der nächsthöheren Ebene dreht. Achten Sie wieder auf den Regler, der Ihnen verrät, wie stark die Schöpferkraft dieses neuen Programms bereits ist und sorgen Sie durch allfällige Transformation der hinderlichen Glaubensmuster, dass die volle Leistung zur Verfügung steht.

Sowie Sie diesen neuen Bestandteil in Ihrer Urzelle verankert haben, ist es an der Zeit, dem alten Leben in der Dreidimensionalität Adieu zu sagen. Sie könnten versucht sein, das alte Programm einfach so aus Ihrer Urzelle zu entfernen, doch werden Sie feststellen, dass dies nicht so leicht möglich ist, denn es ist noch verankert und der Anker besteht aus einem kollektiven Glaubenssatz, den Sie zuvor in Ihrem Herzen zur Transformation freigeben müssen.

- Ich werde immer dreidimensional sein.

Nun ist es soweit und Ihr altes Programm lässt sich aus der Urzelle entfernen. Wie gewohnt werden Sie dieses mit Licht aus Ihrem Herzen umhüllen und durchdringen, doch Sie werden feststellen, dass es sich nicht sofort auflösen lässt. Der Grund dafür ist ein weiterer Glaubenssatz, der zuerst transformiert werden muss.

- Die Dreidimensionalität ist Teil meines Wesens.

Das neue Leben wartet nun auf die nächsten Schritte, die noch getan werden müssen, um alle Vorkehrungen zu treffen. Das Neue, was auf Sie wartet ist neben der Fünfdimensionalität auch etwas ganz Neues, das Sie bislang so nicht gekannt haben.

Hier ist nun der Teil, der bislang dafür gesorgt hat, dass Sie sich nur mit Ihrem Körper identifizierten und nicht auf Ihren höheren Anteil geachtet haben. Hier ist der Teil, der das Leben als dreidimensionales Wesen überhaupt erst ermöglicht hat.

Der Teil, der dafür gesorgt hat, dass ich mich als ich und ich Sie als Sie erwähnen kann. Ein Bestandteil, der uns voneinander trennt und der dafür sorgt, dass das Leben für uns jeweils ganz anders verlaufen ist, als der Einzelne sich das vorgestellt hat. Hierin ist die Trennung von allem verankert. Das **"Ich"** als Teil von Ihnen sollte nun sein Ende finden und Sie sollten wieder in die Einheit von allem, was ist zurückfinden. Das Ich ist der Teil in Ihnen, der dafür gesorgt hat, dass Sie tausende von Inkarnationen in dieser Ebene absolvieren konnten. Er war so mächtig, dass alles, was in Ihnen nicht in Liebe existiert, überhaupt erst in dieser Form entstehen konnte. Es ist die Grundlage von allem, das ein Leben mit Schmerz ermöglicht hat.

Das, was nun zu tun ist, ist den ganzen Schmerz in Ihnen und um Sie herum vollständig zu beenden. Sie werden danach nur noch das erkennen können, was in Ihnen nicht mehr vollständig gewünscht wird, weil es nicht in der Liebe ist. Aber Sie werden es nicht schmerzhaft erfahren, sondern es einfach nur erkennen und schon dadurch aus dem Weg räumen können. Schmerz ist von nun an Geschichte und Sie sind bereit, das Leben völlig anders zu sehen. Das Neue, das statt des Ichs in Ihre Urzelle eingebracht werden sollte, um das Leben als fünfdimensionales Wesen zu ermöglichen, ist nicht die Schmerzlosigkeit, wie Sie vielleicht vermuten könnten, sondern es ist etwas ganz anderes, das Sie sicherlich schon gut kennen. Es ist die **"Einheit von allem, was ist"**. Diese Einheit wird somit Bestandteil Ihres Seins.

An dieser Stelle beginnt nun das Leben als fünfdimensionales Wesen. Hier endet die Dreidimensionalität und der Schmerz und es beginnt die Freude am Sein. Hier haben Sie nun die Gelegenheit, das große Erkennen in Ihnen zu aktivieren, denn der Schmerz galt als Erfahrungsfaktor und er ist der alte Teil des Lebens. Der neue Teil ist die Erfahrung durch Erkenntnis. Hier ist das Leben des Schmerzes zu Ende. Dies hat den Vorteil, dass das neue Leben nur noch durch die eigenen Erkenntnisse gesteuert wird und nicht mehr im direkten Zusammenhang mit schmerzhaften Erfahrungen steht, die man in Verbindung mit anderen Menschen zu machen hatte. Das neue Leben ist auf Einheit aufgebaut. Alle lernen zusammen. Jede Erkenntnis, die geschieht, verankert sich automatisch in allen. Hier ist der Schlüssel zu allen Toren, die die fünfte Dimension noch von Ihnen fernhalten.

Ihnen wird es höchstwahrscheinlich ähnlich ergehen wie mir, denn an diesem Punkt habe ich versucht, das Ich, das ich in meinem Kopf ausgemacht habe, aus der Urzelle zu entfernen. Dies gelang jedoch nicht. Daraufhin erfuhr ich diesen simplen und zugleich ungemein mächtigen Glaubenssatz.

- Ich bin einfach nur.

Nachdem ich diesen transformiert hatte, wusste ich, dass ich das Ich aus meiner Urzelle nun entfernen kann. Ich zögerte, weil mich ein eigenartiges Gefühl davon abhielt. Mich überkamen Zweifel und angstvolle Gedanken, mich selbst nicht wiederzuerkennen und meine Individualität zu verlieren. Daraufhin wandte ich mich fragend an meine Seele und bat um Informationen, was sich in meinem Leben verändern wird. Hier die Antwort:

„Dein Leben als dreidimensionales Wesen ist nun zu Ende und ein neuer Abschnitt des Seins beginnt. Hier ist der Ort, an dem du eine Entscheidung treffen musst, ob du das möchtest, oder ob du weiterhin all das erfahren möchtest, was bislang dein Leben bestimmt hat. Hier bist du nun aufgefordert, das Leben zurückzulassen, das du schon so lange lebst und längst nicht mehr liebst, weil es dich nicht mehr erfüllt. Daher ist es an der Zeit, das neue Leben in dein Sein einziehen zu lassen."

Meine Zweifel und Ängste verschwanden durch die Transformation dieser Glaubenssätze.

- Ich kann das Leben niemals zurücklassen.
- Ich kann niemals meine Identität aufgeben.

Und schon fiel es mir leicht, das Ich aus meinem Sein zu verabschieden und mich auf die Einheit einzuschwingen. Doch mein Ich ließ sich außerhalb der Urzelle nicht mit Licht aus meinem Herzen auflösen. Erst nachdem ich den folgenden

Glaubenssatz transformiert hatte, war mein altes Sein Geschichte.

- Ich kann mich nicht selbst auflösen.

Andächtig saß ich für einige Minuten regungslos da und beobachtete meine Gefühlswelt. Ich nehme seither ein unbeschreiblich schönes Grundgefühl wahr. Ich fühle mich außergewöhnlich leicht, befreit, unbeschwert, geborgen und sehr viel größer als je zuvor. Meine Seele sagte nur: *„Nun bist du wieder zurück in der Einheit"*. Beachtenswert ist, dass seither andere Menschen in meinem Leben zwar immer noch als Spiegelbilder fungieren, ich jedoch in keine Situationen verstrickt wurde, die ich schmerzhaft durchleben musste, um meine Lehren daraus zu ziehen. Stattdessen durfte ich einfach nur erkennen und dadurch dazulernen, ganz ohne Schmerz, einfach nur geistig erkennen. Seit meiner Wandlung zum fünfdimensionalen Wesen ist meine Individualität und alles, was mich auszeichnet, vollständig erhalten geblieben.

In einem Leben kann es immer wieder dazu kommen, dass sich ein Mensch gegenüber dem Leben benachteiligt fühlt. Das ist auch schon der springende Punkt, um den wir uns jetzt bemühen werden. Denn die **"Benachteiligung"** ist abgesehen von den körperlichen Schmerzen, das Größte, was ein Mensch an Schmerz erfahren kann. Ein Leben als Benachteiligter ist nicht besonders angenehm, denn immer wieder wird man gedemütigt und alle anderen genießen eine entsprechend höhere Priorität. Ist ein Leben erst einmal im benachteiligten Bereich angetreten worden, endet dieses üblicherweise auch so. Ist es soweit gekommen, dass jemand ein Leben führt, in dem er immer wieder benachteiligt wird, so bleibt ihm dies aller Voraussicht nach auch für immer erhalten.

Diese Grundlage gehört aber auf jeden Fall beseitigt, denn ganz viele Leben sind benachteiligt und in der höheren Ebene gibt es dies nicht mehr. Diese Aufgabe ist wichtig und alles, was mit der Benachteiligung zusammenhängt, muss enden. Dieser Bestandteil ist nun an der Reihe. Suchen Sie diesen in Ihrer Urzelle. Sofern dieser vorhanden ist, greifen Sie ihn und bringen Sie ihn aus Ihrer Urzelle heraus, um ihn wie gewohnt mit Licht aus Ihrem Herzen aufzulösen. Ist dies nicht möglich, weil das Programm noch fest verankert ist, so ist dieser Glaubenssatz dafür verantwortlich.

- Ich bin immer derjenige, der zuletzt kommt

Nun wird es Ihnen möglich sein, diesen Vorgang erfolgreich abzuschließen.

Es ist eine Freude, zu wissen, dass Sie nun zu den Gleichberechtigten gehören! Ist dies vom Gefühl her noch nicht vollständig so, dann gehört die **"Gleichberechtigung"**in Ihrer Urzelle verankert. Prüfen Sie daher genau, ob die Gleichberechtigung in Ihnen verankert ist. Ich empfehle Ihnen diesen Bestandteil, selbst wenn er vorhanden ist, im Herzen zu transformieren und auf seine volle Ausprägung zu prüfen! Für den Fall, dass dieser Bestandteil in Ihrer Urzelle fehlt, integrieren Sie diesen jetzt auf dem bereits gewohnten Weg.

Herzlichen Glückwunsch, hiermit haben Sie es geschafft! Ihre Urzelle ist nun bestens auf den baldigen Einzug in die fünfte Dimension vorbereitet.

Das Leben als Bestandteil einer höheren Ebene

Ein Leben als Mensch ist sehr aufregend, wenn man die Spielregeln des Lebens noch nicht kennt. Es passieren Dinge, mit denen man nicht gerechnet hätte. Ein Leben in einer höheren Ebene beginnt jedoch völlig anders, als das Leben, das wir hier bisher kennengelernt haben. Konnten die höheren Ebenen erreicht werden, so ist es an der Zeit, die Grundlagen umzustellen, die ein Sein in dieser Ebene überhaupt erst so richtig möglich machen. Ist das Leben auf die neue Ebene eingestellt und viele Grundlagen vorhanden, so ist es jedoch noch nicht vollständig lebensfähig. Es fehlen die wesentlichen Grundzüge als Bestandteile eines Wesens, das in dieser Ebene vorhanden sein möchte. Auf dieser Ebene angekommen, muss sich das Leben umstellen, wenn die Voraussetzungen dafür noch nicht vorhanden sind. Nun haben Sie die Gelegenheit, diesen Umstellungsprozess vorwegzunehmen.

Das Leben auf der höheren Ebene ist viel intensiver als jetzt, denn es sind alle Freiheiten gegeben, absolut alles zu erleben und zu erfühlen, wie sich das Leben in allen Ausprägungen anfühlen kann. Das neue Leben wartet auf Wesenheiten, die den Grundstein zur Erlangung des Lebens in der höheren Ebene bereits dadurch gelegt haben, weil sie sich langsam aber stetig entwickelt haben. Hier ist der Grundstein des Lebens, den jedes Wesen haben muss, damit es sich in der neuen Ebene voll und ganz entwickeln kann. Hier finden Sie die Grundlagen, die Sie in ihrer Urzelle programmieren sollten, damit Sie bereit sind, das Leben in der fünften Dimension in Ihrem Körper mit Genuss erleben zu können.

Die Bereiche, die Sie dringend brauchen werden, um das Leben in Ihrem Körper genießen zu können, sind folgende. **"Leben als Schöpfer"** ist der erste Grundstein, den Sie verankern sollten. In Ihrer Urzelle werden Sie diesen Bestandteil nicht finden, daher gehört dieser vollständig neu integriert. Gehen Sie dazu wie gewohnt vor und verbinden Sie diesen wieder mit der Liebe und der Göttlichkeit. Wenn sie einen Blick auf die Stärke des Programms richten, werden Sie feststellen, dass die

Ausprägung noch eher schwach ist und der Regler sich im unteren Bereich befindet. Diesen Umstand lassen Sie für den Moment unbeachtet. Ist dieses Programm installiert, so folgt bereits das nächste.

„Leben als Gott" ist der Bereich, der die wahre Identität des Menschen preisgibt. Hier entscheidet sich der Mensch, ob er ein Schöpfergott sein will oder ein niederes Wesen wie z. B. ein Tier. Dieser Bereich ist noch wichtiger als der vorhergehende, denn der Mensch entscheidet sich, ob er nur etwas erschaffen will oder ob er ein Gott sein möchte. Ist der Mensch von Gott getrennt, wird er niemals das erreichen, was er möchte. Ist er hingegen ein Teil von Gott, so kann er sich in diese Richtung entwickeln. An dieser Stelle ist bereits der nächste Schritt zu gehen, denn hier wird der Teil nun Gott selbst. Sie sind gefordert zu entscheiden, was Sie künftig sein möchten, ob Sie das sein wollen, was Sie bereits sein könnten. Sie haben die Gelegenheit, all das zu werden, was ein Mensch von seiner Abstammung her immer schon gewesen ist. Hier ist das Leben am Scheideweg, ob es nieder bleiben möchte, oder ob es sich von den Abhängigkeiten erheben möchte. Sie entscheiden, was Sie möchten, ein Gott zu sein oder ein Mensch in der Ebene der Dichte der Materie, wo das Leben eher mehr durch andere Faktoren bestimmt wird, als durch Sie selbst.

Sie befinden sich am Scheideweg. Hier haben Sie die Gelegenheit, das zu sein, was Sie sich erträumt haben. Es kann auch sein, dass Sie sich an dieser Stelle nicht wohl fühlen, weil Sie noch nicht dazu bereit sind. Dann wäre es klüger, an dieser Stelle aus dem Prozess auszusteigen. Ich möchte, dass Sie sich wohlfühlen, wenn Sie daran denken, ein Schöpfergott zu sein. Sie sollten alles beiseite lassen, um sich auf das konzentrieren zu können. Ist Ihnen dies nicht möglich, dann sind Sie möglicherweise noch mit dem einen oder anderen Glaubenssatz konfrontiert, der Ihnen den Weg in die neue Ebene versagen möchte. Hier sind einige, denen Sie möglicherweise in Ihnen begegnen.

- Ich werde niemals ein Gott sein.
- Ich werde niemals meine Göttlichkeit erreichen.

- Ich werde das „Gott-Sein“ keinesfalls zulassen.
- Meine Göttlichkeit ist nicht vorhanden.

Mein Leben ähnelte bisher dem vieler anderer Menschen. Doch seit ich mich mit der Materie intensiv auseinandersetze, hat sich vieles total verändert. In meinem Leben ist nichts mehr so, wie es noch vor ein paar Jahren war. Denn alle Veränderungen, die ich durchlebt habe, haben mich zu dem gebracht, was ich sein möchte. Ich möchte ein göttliches Wesen sein, das die Schöpfung weiter beeinflusst und ich möchte es nicht mehr hinnehmen, dass die Welt so ist wie sie ist. Daher habe ich für mich beschlossen, eine Welt zu erschaffen, die sich von dieser grundlegend unterscheidet.

In dieser Ebene gibt es für mich nichts mehr wirklich Interessantes zu erkennen. Ich habe verstanden, wie das Leben funktioniert und ich will nicht länger das tun, was die meisten Menschen tun - mich langweilen und auf alles reagieren, was auf mich zukommt. Ich möchte hingegen schöpferisch aktiv sein, alles verändern und Neues gestalten, was es noch nicht gegeben hat. Hier ist dies nicht möglich, denn das System legt uns viel zu viele Stolpersteine in den Weg. Es lässt eine grundlegende Wandlung einfach nicht zu.

Mein neues Leben kenne ich in Ansätzen bereits und ich weiß, welche Energie hinter all dem auf mich wartet. In der Ebene unserer alten Welt ist die Energie sehr niedrig schwingend und sie schmerzt, wenn man sie mit dem vergleicht, was auf uns alle wartet, wenn der Vorhang sich öffnet und wir wieder alles wissen, was wir bisher erlebt haben. Ist es geschafft, so werden wir alle das Größte erleben, was wir uns je erträumt haben. Wir brauchen nur geduldig auf das hinzuarbeiten und es wird geschehen. Ich werde nicht ruhen, bis dieser Tag gekommen ist und dann dafür sorgen, dass möglichst viele Menschen den Weg gemeinsam gehen können.

8. Das Ende einer Erfahrung

Bewusstseins-Erhöhung und Bewusstseins-Schwingung

Das Leben als Mensch ist von vielen Erlebnissen geprägt .Je höher ein Bewusstsein entwickelt ist, umso einfacher wird das Leben. Viele befinden sich in einem Stadium des Übergangs, aus dem heraus sie viele neue Handlungen an den Tag legen, die aus dem hohen Bewusstsein einer alten Seele kommen. Das bedeutet, dass sich diese Menschen über den Erfahrungsweg entwickelt haben und jetzt an einen Punkt kommen, wo sie mit dem alten Leben nicht mehr zufrieden sind. Sie können es nicht mehr ertragen, dass diese Welt so ist, wie sie ist, und hoffen, einen Weg aus diesem Zustand zu finden. Doch ist dieser nicht zu überwinden, ohne aktiv in das Bewusstsein einzugreifen.

Das Leben braucht daher eine grundlegende Veränderung, die sich ganz tief im Bewusstsein abzeichnet. Im Innersten eines Menschen ist das Bewusstsein die maßgebende Größe und es bestimmt, was im Außen erlebt wird. Dann, wenn der Tag gekommen ist, wo ein Mensch die Größe und Reife erfahren hat, um sich auf das zu konzentrieren, was hier geschrieben steht, dann ist er bereit, das neue Leben anzugehen und sich auf das vorzubereiten, was man einen Aufstieg nennt. Dieser Prozess ist ein kurzer. Das Leben verläuft seit Jahrtausenden auf die bisher bekannte Art und Weise. Im Vergleich dazu ist der Abschnitt, der jetzt beginnt, ein äußerst kurzer, um die Bereitschaft zu erlangen, eine neue Ebene zu betreten.

Mein Leben hat sich auf diese Art und Weise entwickelt und erst seit ich den nächsten großen Schritt gegangen bin, um die Seelenebene mit ins Spiel zu bringen, bin ich bereit, mein Innerstes auf etwas völlig Neues auszurichten. Jetzt ist die Zeit gekommen, diesen Prozess vollständig zu durchlaufen und alles zurückzulassen, das noch an das alte Leben erinnert. Hier bieten sich Ihnen jetzt die Gelegenheit, genau das Gleiche zu tun und sich bereit zu machen, diese Ebene hinter sich zu lassen. Mein Sein und das Ihre sind bereit, wenn Sie diesen Prozess durchlaufen haben und es kann nun nur noch das Eine passieren: Der Aufstieg in eine höhere Ebene, in der eben nur noch die Dinge passieren, die wir alle zusammen selbst bestimmen und die unser entwickeltes Bewusstsein von Grund auf definiert. Dann gibt es nur noch die Liebe und alles andere hat keinen Platz mehr.

Das neue Leben wird von der Entwicklungsstufe des Bewusstsein bestimmt. Darum ist es so wichtig, dass Ihr Bewusstsein vollständig darauf ausgerichtet ist. Sie werden es auch daran erkennen können, wie hoch die Schwingungsfrequenz Ihres Bewusstseins ist. Jedes Bewusstsein hat eine Frequenz. Diese erkennt man sehr gut, wenn man sich darauf konzentriert. Die Frequenz bestimmt, ob jemand bereit ist, das Leben neu zu beginnen und es so zu genießen, wie man es sich nur vorstellen kann.

Hier ist die Antwort auf eine grundlegende Frage, die die Menschheit schon sehr lange beschäftigt. Wie lange dauert es, bis das Bewusstsein weit genug entwickelt ist, um den Aufstieg absolvieren zu können? Die Antwort ist einfach: Bis es eine bestimmte Frequenz erreicht hat. Diese Frequenz ist festgelegt, denn sie entspricht der Minimumanforderung für Wesenheiten, um eine fünfdimensionale Welt betreten zu können. Wesenheiten, deren Frequenz des Bewusstseins unterhalb dieser Schwelle liegen, haben keinen Zutritt. Ihr Bewusstsein hat sich nun deutlich verändert, denn indem Sie diesen Prozess durchlaufen haben, hat sich Ihre Frequenz deutlich erhöht. Ihr Bewusstsein ist nun bereit, den Weg in die neue Ebene zu gehen.

Hier ist der Schlüssel, den die Menschheit schon so lange sucht. Mein Sein galt genau diesem Schlüssel - ich sollte diese Seiten verfassen, um die Möglichkeit der Transformation möglichst allen Menschen zugänglich zu machen. Hier ist das nötige Wissen und Sie haben die Gelegenheit, dieses weiterzutragen und für alle Menschen anzuwenden, die Ihnen bekannt sind. Mein Sein hat diese Aufgabe erfüllt. Nun geht es darum, herauszufinden, was Ihr Sein beinhaltet, um sich in den Prozess der Bewusstwerdung der Menschheit einzubringen. Ihr Sein ist jetzt an derselben Stelle wie das meine war, denn jetzt geht es darum, festzustellen, auf welche Art und Weise, Sie ebenso als Diener des Kollektivs Menschheit wirken können.

Jetzt ist nur noch eines wichtig, dass die Menschen, die den Teil des Bewusstwerdungsprozesses abgeschlossen haben, sich auf ihre Gedankenstruktur konzentrieren. Denn diese ist ein eigener Bestandteil und die Gedanken eines Menschen sind entscheidend, wie sich das Bewusstsein weiterentwickelt. Je intensiver das Bewusstsein nach außen getragen wird, umso intensiver wird sich auch die Gedankenstruktur weiterentwickeln. Diese hat ebenso eine Frequenz und wird sich im ersten Moment von der Ihres Bewusstseins nach der Transformation unterscheiden. Sie haben die Wahl, wohin Ihre Struktur der Gedanken sie bringt, denn sollten Sie an alten Mustern im Denken festhalten, so wird das Bewusstsein sich nicht weiterentwickeln können und alles legt den Rückwärtsgang ein. Das, was jetzt noch fehlt, ist, dass Sie Ihr Bewusstsein in Ihr Denken einfließen lassen und alle alten Muster, die diese Welt so gerne vorgibt, aufgeben und sich frei machen für ein Denken im Sinne der Liebe und im Sinne der übergeordneten Befreiungsaussichten der Menschheit.

Worum es im Leben wirklich geht

An dieser Stelle möchte ich auf alles zurückkommen, was bisher geschrieben wurde. Letztlich hat ja alles einen Sinn und der höhere Sinn dahinter ist, einen Weg zu finden, mit diesem Leben bestmöglich fertig zu werden. Hier ist das, wonach alle Menschen suchen - der Grund, warum Sie hier sind. Der Grund für Ihr Sein ist der gleiche wie der, warum ich hier bin. Wir alle haben entschieden, das Abenteuer Leben in der Dichte der Materie einzugehen und keiner wusste, was sich daraus entwickeln wird.

Was daraus geworden ist, ist eine wundervolle Sache, auch wenn sie uns heute nicht immer so vorkommen mag. Wir haben entschieden, das zu erleben, was heute ist und deshalb sollten wir mit allem, was sich hier zeigt, Frieden finden. Das Leben heute ist von zahlreichen Erschwernissen gekennzeichnet, die wir alle gerne entfernen würden. Die breite Masse ist heute nicht bereit, eine grundlegende Veränderung herbeizuführen, das gilt es zu akzeptieren. Dennoch ist es unsere Aufgabe, dafür zu sorgen, dass ein Wandel möglich wird. Durch unser Sein und unser hohes Bewusstsein ist es möglich geworden, dass wir alle anderen Menschen davon überzeugen, dass der Weg, den diese Welt heute geht, kein guter ist und unter Garantie in ein böses Ende führen wird. Dies ist der einzige Grund für unsere weitere Anwesenheit in dieser Ebene, denn hier gibt es für uns sonst nichts mehr zu erfahren, außer das, was wir uns jetzt selbst noch auferlegen.

Das Entscheidende ist nicht der Kampf gegen das System, sondern die Schaffung des inneren Friedens mit den Umständen, damit wir mit den Ereignissen um uns herum nicht mehr in Resonanz gehen. Jedes Mal, wenn Sie auf die Verfehlungen dieser Welt mit negativen Gefühlen/Emotionen reagieren, nähren Sie das Ganze. Erst wenn Ihr Unterbewusstsein befriedet ist, hat das System keine Macht mehr über Sie! Ein Leben im Kampf ist auf jeden Fall schwierig. Der Kampf hört erst auf, wenn der Frieden in Ihrem Innersten geschaffen ist. Sorgen Sie für Ihren inneren Frieden und transformieren Sie alle Anknüpfungspunkte, die Sie noch in sich tragen und die Sie mit dieser Welt in Verbindung bringen. Lösen Sie sich vom System dieser Welt und lassen Sie alles so, wie es ist, denn alles hat seinen Grund und viele haben es erschaffen, weil ihr Bewusstsein es vorgegeben hat. Daher ist eine Änderung durch das Kollektiv erst möglich, wenn sich das gesamte Kollektiv darauf einlässt.

Es geht nicht darum, für Gerechtigkeit zu kämpfen und Aktivitäten zu setzen. Es geht darum Gerechtigkeit in sich selbst zu erzeugen und alles zu beseitigen, das dem Gerecht-Sein entgegensteht. Wer die Ungerechtigkeit erkennt, sie jedoch nicht verurteilt und nicht bekämpft, sondern als Bestandteil der dualen Welt anerkennt, sie annimmt und Gerechtigkeit in sich erzeugt, der steht über der Gerechtigkeit. Wer gerecht ist, der braucht für Gerechtigkeit nicht zu kämpfen. Ein Leben ohne Kampf ist ein Beobachter aus der Ferne, um sich selbst darin zu sehen, was gerade geschieht. Der Beobachter, der sich selbst beobachtet und alles, was rundum passiert, ist weniger hier als er schon weg ist. Ein Mensch ohne Anknüpfungspunkte in dieser Welt, ist schon mehr in der anderen Welt und sieht sich selbst nur noch als eine Person mit Aufgaben, die er für das Kollektiv vollbringt. Er ist weniger vorhanden, aber doch sehr präsent. Eine interessante Konstellation, denn er wird sehr stark wahrgenommen, auch wenn er sich selbst gar nicht mehr als anwesend empfindet.

Ein Stein ist üblicherweise etwas, das man achtlos liegen lässt. Ein Stein kann aber auch etwas ganz Besonders beinhalten, er kann in sich etwas verbergen, das leuchtet und viel Licht in sich trägt, obwohl er nach außen hin immer noch ein Stein ist. Etwas, das im Inneren leuchtet, ist für alle Menschen von Interesse. Sie kennen doch die Steine, die ihre innere Schönheit erst preisgeben, wenn man tief in ihr Innerstes blickt. Diamanten sind solche Steine. Man erkennt sie oftmals erst, wenn man die Schale, die sie umschließt, öffnet. Entsteht ein Diamant einfach nur so oder ist vorher etwas Wichtiges geschehen?

Ein Diamant entsteht durch große Hitze und hohen Druck, das ist die Voraussetzung, dass sich der Kohlenstoff verdichten kann. Erst dadurch wird das Wertvolle im Innersten eines Steines geboren. Ein Mensch ist ebenso ein Rohdiamant. Erst muss er in sich reifen, um sich dann vollständig entwickeln zu können. Doch dazu braucht es sehr viele Erfahrungen und vieles, was ein Mensch erlebt, ist nicht immer nur schön. Oft ist er hohem Druck ausgesetzt und im Gefecht des Lebens geht es manchmal heiß her, doch erst dadurch kann ein Diamant entstehen. Sehen Sie sich selbst als so einen Diamanten, der schon geformt wurde. Jetzt geht es nur noch darum, ihn aus seiner Schale zu befreien, damit er leuchten kann. Ein Diamant will leuchten, er will seine Schönheit zeigen, er hat nichts anderes vor. Er will entdeckt werden, die Menschen erleuchten und ihnen helfen, selbst Diamanten zu werden.

Ein Leben verläuft wie eine geplante Strecke durch ein Labyrinth. Es ist nichts anderes als ein Spießrutenlauf mit einem Wesen an der Seite, das man lange nicht kennt und von dem man lange nichts weiß, doch ist es trotzdem immer da und will nichts anderes, als uns durch dieses Labyrinth führen, damit wir den richtigen Weg beibehalten können und am Ende den Ausweg aus dem Irrgarten finden. Die Seele ist dieses Wesen, das uns alle begleitet, doch die meisten Menschen haben vergessen, dass die Seele immer da ist, alles weiß und den Weg kennt. Sie ist aufgefordert, gewisse Ereignisse zu veranstalten, die wir als Lehrstücke annehmen und erkennen sollten. Ein Leben ohne zu lernen wäre langweilig, daher braucht es auch Aufgaben und die Seele sorgt dafür, dass diese gestellt werden. Manche sind schön und manche weniger, doch alle haben ihren Wert und alle führen uns letztlich einen großen Schritt in Richtung Ausgang.

Abkürzung zum Aufstieg

Das Leben auf der Erde ist alles andere als einfach und jeder, der sich dafür entschieden hat, der hat sich auch für die Umstände entschieden, die damit verbunden sind. Das bedeutet für jeden einzelnen Menschen, dass er sich damit abzufinden hat, dass die Umstände hier ein Leben erschweren können und dass das Leben an sich alles andere als einfach zu bewältigen ist. Hier leben jetzt Menschen, die sich selbst ausgesucht haben, diese Umstände besonders intensiv zu erleben und sie haben sich das Leben mehr als unbedingt erforderlich schwer gemacht. Vielen von ihnen gelingt es nicht, sich von den Umständen zu befreien, um das Leben in dieser Ebene vollständig hinter sich zu lassen.

Daher ist es auch erforderlich, gewisse Umstände zu schaffen, die diese Last von ihren Schultern nehmen können, sofern dies gewünscht ist. Das, was hier nun geschrieben steht, ist jedoch nicht für alle Menschen anwendbar, denn es betrifft nur diejenigen, die sich für den Aufstieg in eine höhere Ebene interessieren. Alle anderen können diesen Weg, der hier nun beschrieben wird, nicht gehen.

Der Weg, den jeder, der gerne möchte, gehen kann, ist eine vereinfachte Form der Transformation. Dieser führt auf jeden Fall nicht an der Transformation vorbei, doch er hilft, diesen Weg auf eine spätere Ebene zu verschieben und es wird dort deutlich einfacher sein, die Transformation nachzuholen.

Es geht nun darum, einen Weg aufzuzeigen, den alle gehen können, die aus Zeitgründen und aus Mangel an Möglichkeiten schneller vorankommen möchten, um ihr Bewusstsein frei zu machen, um in die Ebene der fünften Dimension vorzudringen. Es geht dabei um die Grundlage des Freilassens von Themen, die nicht sofort behoben werden können. Themen, die im Seelenplan verankert sind, aber nicht durchgeführt werden konnten, oder dies eben aus gewissen Umständen erst zu einem späteren Zeitpunkt möglich gewesen wären.

Das neue Leben wird ganz anders verlaufen und es können Themen aus vergangenen Ebenen nachgearbeitet werden, ohne großen Aufwand betreiben zu müssen. Letztlich wollen alle Themen erlöst werden und es gibt die Möglichkeit, dies auf einen Zeitraum zu vertagen, in dem die Transformation sehr viel schneller und einfacher durchgeführt werden kann.

Die Seele zeigt jeden Menschen, der dazu bereit ist, den Weg. Denn nur in Zusammenarbeit mit ihr wird ein Plan fertig gestellt werden können, um den Weg zum Aufstieg freizumachen. Die Zusammenarbeit mit der Seele ist die einzige Möglichkeit! Die Seele muss ihr Einverständnis zur Transformationsvertagung geben. Dies führt dazu, dass das Leben für die erste Zeit nach dem Aufstieg eine gesonderte Planung erhält, bis die Versäumnisse nachgeholt wurden. Die neue Ebene verträgt wenig Altlasten, daher ist es wichtig, die Notwendigkeit in Betracht zu ziehen, dass noch vor dem Aufstieg gewisse Ereignisse eintreten, die nicht besonders angenehm sein könnten, aber letztlich dazu beitragen, die Transformationen durchzuführen, die vor dem Aufstieg noch unbedingt erforderlich sind.

Es ist Zeit, diesen Weg zu gehen und alles zurückzulassen, was alt ist und sich bereitzumachen für das Leben in der Ebene der Schöpfergötter auf Erden. Den Weg muss man sich erarbeiten und es ist wichtig, dass die Menschen, die diesen Extra-Weg wählen, sich darüber im Klaren sind, dass es sich nur um eine kurzzeitige Verschiebung handelt und dass diese Themen auf jeden Fall nachgeholt werden müssen. Das Leben hat für dieses Zeit hier auf der endenden Ebene der dritten Dimension noch einiges vorgesehen. Es werden noch zahlreiche Erfahrungen zu machen sein und es wird dazu kommen, dass zahlreiche Menschen, diese Ebene vorzeitig verlassen, um den Weg für andere freizumachen, die das Leben auf der neuen Erde führen möchten.

Das bedeutet, dass hier Menschen leben, die für den Aufstieg nicht weit genug entwickelt sind. Diese werden anderen nicht im Wege stehen, denn sie werden sich vorzeitig verabschieden, um ihnen in ihrer Entwicklung behilflich zu sein. Es kommt zu verschiedenen Ereignissen, die zahlreichen Menschen die Augen öffnen werden, damit sie erkennen, dass das, was hier gelebt wird, jetzt nicht mehr zeitgemäß ist und es höchste Zeit ist, den Ebenenwechsel vorzubereiten. Mein Leben hier ist nun bereit, diesen Weg zu gehen, doch sind Sie es auch?

Es ist nun möglich, Ihre Entwicklung voranzutreiben, denn Sie halten das Werkzeug in Händen und Sie können sich selbst helfen. Doch vielen Menschen wird es anders ergehen und sie haben kaum die Möglichkeit in kurzer Zeit einen so großen Sprung vorwärts zu machen, um alle Lasten abzulegen. Diesen Menschen kann geholfen werden, denn sie haben die Möglichkeit, sich von jemandem wie Ihnen helfen zu lassen, damit auch sie den Weg schaffen. Dazu ist es erforderlich, dass sie gemeinsam mit Ihnen diesen Weg gehen, den ich Ihnen jetzt vorstelle.

Das, was zu tun ist, bezieht sich in erster Linie auf den Willen des Menschen, denn nur jemand, der auch wirklich will, kann diesen Weg einschlagen. Der freie Wille und die Bestimmtheit, diesen Weg auch gehen zu wollen, sind die Grundvoraussetzungen, dass all dies klappen kann. Dazu braucht es auf jeden Fall eine klare Willensbekundung und die klare Vorstellung davon, was sie in der neuen Ebene alles erwartet. Es geht nicht anders, als dass man sich eine Vorstellung davon macht und daher ist es wichtig, diese Ebene vorweg schon betreten zu können. Das ist die Grundlage, denn ohne diese Ebene für sich einmal gefühlt zu haben und erste Impressionen davon bekommen zu haben, entsteht nicht die nötige Willenskraft, diesen Weg auch tatsächlich zu gehen. Daher ist es wichtig, dass Sie diesem Menschen, mit dem Sie arbeiten, über diese Ebene hinausführen und ihm zeigen, was es noch alles gibt. Führen Sie den Menschen an der Hand zur Brücke über diese Ebene hinaus, die ihn zur neuen Ebene führt. Zeigen Sie ihm diese Brücke. Er soll sich vorstellen, wie der Weg dorthin aussieht und er soll fühlen, wie sich dieses Leben anfühlt und er soll sich eine Vorstellung davon machen, wie das neue Leben sich anfühlen wird. Es ist in weiterer Folge wichtig, dass dieser diese Brücke überquert und sich langsam an die neue Ebene herantastet. Lassen Sie ihn fühlen, was alles da ist, bevor er die Brücke ganz überquert hat. Wichtig ist das Fühlen, denn dadurch entsteht eine Verbindung mit der neuen Ebene, die sich so wunderbar anfühlt.

Dann, wenn dieser Teil absolviert und der Wille da ist und auch das Vertrauen darauf, diese Ebene auch bewältigen zu können, ist der Zeitpunkt gekommen, diesen Ebenenwechsel vorzubereiten. Dazu ist der Kontakt zur Seele unerlässlich, denn darüber kommen alle Informationen, die erforderlich sind. Die Seele ist zu involvieren und in Kenntnis zu setzen, dass der Aufstieg beabsichtigt ist. Das ist der erste Schritt. Dann ist zu sagen, dass es beabsichtig ist, alle Lasten, die den Aufstieg verhindern könnten, von sich nehmen zu lassen, um sie zu einem späteren Zeitpunkt abarbeiten zu können. Bevor der Aufstieg stattfinden kann, ist der Weg zu erfragen, der zwischenzeitlich zugehen ist, denn die Seele wird Bedingungen stellen, die erfüllt sein müssen, damit dieser Weg gegangen werden kann.

Der Weg erscheint manchen vielleicht im ersten Moment als schwierig, doch dies ist der Preis für den Aufstieg. Ist der Weg klar definiert, so ist es auch einfacher, den Weg zu absolvieren, weil der Mensch genau darüber in Kenntnis gesetzt wurde. Das ist die Grundlage, denn die Seele möchte helfen, doch es gibt Auflagen, die erfüllt werden müssen, um den Aufstieg erfahren zu können. Hier folgt nun der letzte und entscheidende Schritt, der auf jeden Fall gemacht werden muss. Die Auflagen der Seele sind anzunehmen und in allen Belangen vollständig zu erfüllen. Das ist die Grundlage dafür, denn sonst geht gar nichts. Sind die Auflagen angenommen, kann sofort damit begonnen werden, diese Auflagen zu erfüllen. Passiert dies nicht, so ist der Aufstieg auch nicht möglich.

Hier ist der Weg für all jene, die für den Aufstieg noch nicht vollständig bereit sind, diesen aber dennoch absolvieren möchten.

- In einer geführten Meditation die Brücke zur neuen Erde langsam überqueren und alles aufnehmen, was sich dort zeigt und wahrzunehmen ist.
- Die Seele kontaktieren und ihr klar und deutlich mitteilen, dass der Aufstieg ernsthaft angestrebt wird.
- Die Seele darum bitten, alle Lasten, die noch für die Transformation auf dieser Ebene vorgesehen sind, zu einem späteren Zeitpunkt nach dem Aufstieg transformieren zu können.
- Die Auflagen der Seele entgegennehmen und die möglichen Auswirkungen auf das persönliche Leben bis zum Aufstieg erkennen.
- Die Auflagen der Seele annehmen und sofort mit der Umsetzung beginnen.

Es könnte vielen so erscheinen, als wäre die Seele alles andere als liebevoll im Umgang mit ihrem irdischen Anteil, wenn sie ihm solche Auflagen verordnet, um den Weg in die Ebene der fünften Dimension einschlagen zu können. Es erscheint oftmals so, als wäre dies alles andere als höflich und nett, wenn die Seele solche Dinge fordert. Doch ist dies nicht einfach nur ein Akt der Höflichkeit, denn dabei geht es um den Eintritt in eine Ebene, für die man noch nicht ganz bereit ist, daher muss man auch Auflagen anerkennen. Das ist nicht zu vermeiden.

Abschlussarbeit

Ich möchte Ihnen als Ritual für den Abschluss Ihrer Arbeit mit diesem Buch noch etwas ans Herz legen, das es Ihnen einfacher machen wird, sich auf den Aufstieg zu fokussieren.

Nachdem Sie die Brücke überquert haben und alles gefühlt haben, was die neue Welt bereithält, ist es empfehlenswert, einen Blick zurück in die alte Welt zu machen, um zu erkennen, was Sie noch an die alte Ebene bindet, was Sie hier noch festhält. Die dabei zu machenden Erkenntnisse sind der Ansatzpunkt für weitere Transformationsarbeiten. Notieren Sie diese für die spätere Bearbeitung mit den bekannten Werkzeugen.

Nun stellen Sie sich in Ihrer Vorstellung an das Ende der Brücke, die Sie in die neue Welt führt, genau an den Punkt, wo Sie den ersten Fuß in diese neue Welt setzen, um Ihr Leben dort weiterzuführen. Bleiben Sie auf dieses Bild konzentriert und fühlen Sie genau hinein, welche Gefühle dieses in Ihnen auslöst. Einerseits werden sehr freudvolle Gefühle dabei sein, andererseits könnten Sie auch Gefühle begleiten, die weniger erfreulich sind. Um diese aus dem Weg zu schaffen sprechen Sie diesen Satz:

Ich gebe dieses Bild mit allem, was damit bewusst oder unbewusst in Verbindung steht, in meinem Herzen zur Transformation frei.

Wenn Sie sich jetzt erneut in das Bild hineinfühlen, werden Sie feststellen, dass sich die Wahrnehmung des Bildes in allen Belangen spürbar verbessert hat. Es geht allerdings noch deutlich besser! Sprechen Sie, während Sie auf dieses Bild konzentriert bleiben, folgende Sätze einzeln und fühlen Sie, wie sich Ihr bereits sehr positives Gefühl immer weiter steigert:

Ich verbinde dieses Bild mit der Göttlichkeit.
Ich verbinde dieses Bild mit meinem Herzen.
Ich verbinde dieses Bild mit meiner Seele
Ich verbinde dieses Bild mit meiner Urzelle.

Hier ist nun der Bereich, an dem Sie dieses Leben langsam aber sich abschließen werden, denn dieses Bild ist nun in Ihrem Bewusstsein als Zielbild verankert und Sie werden es auch erreichen, wenn Sie Ihre Arbeit zum Abschluss aller Aufgaben in dieser Ebene entsprechend forcieren.

Die Veränderung muss kommen

Die Menschheit ist in diesem Leben ganz besonders gefordert, sich zu entwickeln. Jeder Einzelne steht vor einer Vielzahl von Herausforderungen, die letztlich zur Entwicklung eines höheren Seins führen sollen. Verwehrt sich jemand gegen seine Entwicklung, dann wird die Seele erkennen, dass ihre Ziele nicht erreichbar sind und dies veranlasst sie, dieses Leben vorzeitig abzubrechen. Indem die Seele diese Ausweglosigkeit annimmt, akzeptiert sie den freien Willen eines Menschen, sich nicht entwickeln zu wollen. Daher wird sie auch keinen Sinn in weiteren Bemühungen erkennen, dieses Leben fortzuführen.

Ein kritischer Blick in unsere Welt zeigt eine Vielzahl von Krankheiten und eine unvorstellbar große Anzahl erkrankter Menschen. Wer ist heute noch vollkommen gesund? Wer kann von sich behaupten, seine volle Leistungsfähigkeit ohne jegliche Einschränkungen zur Verfügung zu haben? Das Leben bedeutet etwas zu erreichen und sich zu entwickeln, doch ist dies denn überhaupt möglich, wenn man krank ist? Wenn ein Mensch in seiner Kraft steht, dann hat er keine Krankheiten. Wenn ein Mensch in seinem Innersten von Licht und Liebe erfüllt ist, dann kann er nicht krank werden. Wenn es einem Menschen gelungen ist, sein Innerstes auf das Sein eines Gottes auszurichten, dann werden alle Krankheiten von ihm abfallen.

Alles, was im Leben eines Menschen passiert, jede Krankheit, die er erfährt, ist eine Aufgabe. Und diese Aufgabe gilt es anzunehmen und vollständig zu erfüllen. Jede Krankheit ist eine intensive Herausforderung, eine Aufgabe zu erfüllen, die mehr als nur einen Tag in Anspruch nehmen wird. Jede Aufgabe, die mit einer Krankheit in Verbindung steht, ist für den Menschen eine Aufgabe, an der er wachsen soll. Eine Krankheit fordert ihn heraus, gibt ihm Grund, an sich zu arbeiten.

Tut ein Mensch das nicht, so wird er von seiner Seele intensiver mit der Aufgabe betraut. Denn die Krankheit wird ihn stärker ins Visier nehmen und sie wird ihm noch mehr abverlangen, als dies zu Beginn der Fall war. Man kann es nicht oft genug sagen: Dies ist der Knackpunkt für jeden Menschen! Ist eine Krankheit vorhanden, dann gilt es nicht zum Arzt zu gehen, um ein Medikament zu bekommen, damit die Symptome wieder vergehen, sondern es geht darum, diese Krankheit als eine Aufgabe zu erkennen. Hier wird entschieden, ob er sich bereits auf den Weg der Heilung befindet, oder ob er sich auf den Weg der zunehmenden Verschlechterung begibt. Das heißt, dass jeder selbst für seine Heilung verantwortlich ist.

Es ist allerhöchste Zeit, dass dieser Umstand in unserer Welt gehört und angenommen wird, denn die logische Konsequenz ist die, dass die Menschheit sich selbst aufgrund von immer neuen und immer noch schwerer zu behandelnden Krankheiten mehr und mehr an den Rand ihrer Existenz bringt. Alle Systeme, die das Leben in unserer Welt aufrecht erhalten, werden kollabieren, weil ein so großes Heer an Patienten alle Bereiche des täglichen Lebens in ihrer Funktion lahmlegen könnte und die Sache noch schlimmer macht, als sie ohnedies schon ist. Alle Seelen haben den Druck auf die unumgängliche Entwicklung erhöht und sie werden diesen so lange weiter verstärken, bis ihnen endlich Aufmerksamkeit geschenkt wird.

Schon heute zeigt sich, dass viele Heilmethoden keine Wirkung mehr zeigen, darunter befinden sich auch natürliche Heilwege, die nicht das gewünschte Ergebnis der vollständigen Heilung erzielen. Vieles hat sich verändert und der Wandel in unserer Welt geht rasant voran. Wir können die Richtung bestimmen, indem wir der persönlichen Entwicklung höchste Priorität einräumen. Es gibt keine Alternative dazu und jeder, der glaubt, weiterhin nur daran interessiert sein zu können, dass er sich ein angenehmes Leben gestaltet, der wird früher als ihm lieb ist unsanft aus seinen Träumen erweckt werden.

Es ist Zeit, der Wahrheit unseres Seins ins Auge zu sehen. Wir sind schöpferische, göttliche Wesen und als solche ist es unser Ziel für diese Inkarnation, den Weg zurück zur Einheit mit unserer Seele und der gesamten Schöpfung zu finden. Das ist das Endziel und jeder, der nicht willens ist, sich auf dieses Ziel zu fokussieren, wird entweder schmerzhaft dazu gezwungen oder vorzeitig aus dem Spiel genommen werden.

Wie erfolgt der Aufstieg

Das Leben in der Ebene der Erde ist nun auf dem Weg in das finale Ereignis. Dieses Ereignis ist das, was man einen Aufstieg nennt. Wir werden alle von unserer Seele und unseren geistigen Begleitern daraufhin getrimmt, damit wir den Aufstieg entsprechend schaffen können. Doch es ist nicht gewiss, wie viele Menschen tatsächlich bereit sein werden, schließlich ist jeder selbst der Schöpfer seiner Lebensumstände.

In unserer derzeitigen Welt ist es enorm schwierig, alles zu schaffen, was in diesem Leben vorgesehen ist. Daher wird auch hier nicht unbedingt immer alles hundertprozentig ernsthaft umgesetzt werden können, was geplant war. Auch bezüglich des Aufstiegs wird da und dort Milde walten können, damit es überhaupt möglich ist, den Teil der Menschheit aufsteigen zu lassen, die ihre Hausaufgaben zumindest weitgehend erfüllt haben. Diese Menschen werden allen Prüfungen unterzogen, die man sich vorstellen kann, damit wirklich Klarheit herrscht, ob diese für den Aufstieg in die Ebene der fünften Dimension geeignet sind, ob sie bereit sind, ihr Ego abzulegen und auf einer Ebene der Gemeinsamkeit das zu bewirken, weshalb sie hierhergekommen sind.

Darüber hinaus wird es dazu kommen, dass die Lebenden, die diese Ebene künftig anders erleben möchten, diese so auch erleben können. Das bedeutet, dass alle, die bereit sind, auch abgeholt werden, um eine Ebene zu erreichen, die das Leben völlig neu gestalten lässt. Währenddessen wird sich in dieser Welt, in der wir heute leben, so ziemlich alles verändern, was man sich denken kann. Denn das, was hier gespielt wird, entspricht bei weitem nicht der göttlichen Einheit, und das Ziel ist es ja, diese zu erreichen. Das bedeutet, dass alles, was hier nicht der Einheit entspricht über kurz oder lang zerfallen muss. Alles muss in seine Bestandteile zerfallen, wenn es nicht der Liebe und der Einheit entspricht. Hier wirken universelle, kosmische Kräfte, die alles zum Einsturz bringen, was nicht dem Einheitsprinzip von allem was ist, entspricht. Alle, die sich dagegen stemmen, werden mit ihren Konstrukten entsprechend untergehen.

Meine Welt ist diese, von der so viele träumen - ich sehe mich selbst bereits in dieser neuen Welt und deshalb verhalte ich mich auch entsprechend. Diese neue Welt ist so wundervoll und sie birgt so viele neue Möglichkeiten in sich, dass mir das Leben hier geradezu als langweilig und lächerlich erscheint.

Das Leben in der Ebene der neuen Erde wird für alle Aufsteiger viele neue Möglichkeiten eröffnen, die sich unserer Vorstellungskraft entziehen. Daher braucht es Menschen, die als Pioniere vorausgehen und alles bereit machen, damit diese neue Ebene für ganz viele Menschen aufnahmebereit ist, ohne eine zu große Veränderung vornehmen zu müssen, gewisse gewohnte Aspekte behalten zu können und nicht völlig neu beginnen zu müssen. Das ist jedoch eine Aufgabe, die nur Pioniere erfüllen können, die jetzt schon bereit sind, diese neue Welt zu betreten. Die Menschheit wird ihre ersten Vertreter voraussenden, um alle Vorbereitungen zu treffen und dann gilt es, diejenigen abzuholen, die zwischenzeitlich an sich gearbeitet haben und bereit sind, denen zu folgen, die vorausgegangen sind.

Das Neue, was dort auf uns wartet ist famos und es ist genau das, was sich ein Schöpfer wünscht. Es ist eine Ebene, in der wenig vorhanden ist - nur das Nötigste, damit alles, was hier existieren soll, auf jeden Fall von Menschen geschaffen werden kann, die dazu auserkoren wurden, eine neue Welt zu erschaffen. Es ist die menschliche Schöpferkraft, die auf dieser Ebene erwartet wird! Die neue Ebene erwartet all jene, die sich für die Schöpfermacht entschieden und ihr Bewusstsein darauf ausgerichtet haben.

Diese Ebene, auf der wir uns dann befinden werden, ist das Größte und Wundervollste, was wir uns vorstellen können und auch noch weit darüber hinaus! Wir erreichen damit ein Ziel, das wir uns vor Jahrtausenden zu erreichen vorgenommen haben.

Das Leben im Aufstiegsprozess

Mein Leben hier auf der Erde ist auf jeden Fall sehr viel interessanter als das der meisten anderen Menschen, denn ich darf hier sein und über viele Informationen verfügen, die mein Leben spannend gestalten und mich immer wieder Neues in mir erkennen lassen. Das Leben, das ich führe, ist für die meisten Menschen nicht nachvollziehbar, denn ich gestalte hier alles selbst. Ich entscheide, was in meinem Leben passiert und was nicht, ich entscheide, wer in mein Leben tritt und wer nicht, ich entscheide, worüber ich mich informiere und was ich gerne tun möchte.

Mein Leben hier ist für die meisten Menschen unvorstellbar, denn sie kennen nur die Bestimmung durch den Zufall und sie kennen nur das Leid der anderen zu beurteilen und sich selbst darin nicht zu erkennen. Das Leben, das ich führen darf, ist eine Eigenkreation und diese Kreation ist auf dem aufgebaut, was ich in mir trage. Alles, was ich nicht haben möchte, ist nicht mehr in meinem Leben vorhanden, denn ich habe es transformiert. Das, was ich hier schreibe, stammt aus meinem Innersten, es kommt aus den tiefsten Teilen meines Seins und es ist nur deshalb vorhanden, weil ich es in mein Leben eingeladen habe. Hier schreibe ich mein Innerstes nieder und das ist auf jeden Fall ein schöner Teil, denn ich liebe das, was ich hier erfahren habe, doch ich möchte nicht mehr länger hier sein und nur zusehen, wie alles sich nicht verändert, weil die Menschen an all dem festhalten, was in ihrem Leben vorhanden ist. Niemand will sich verändern und auch ich will die Menschen nicht verändern, denn ich habe nicht das Recht dazu.

Mein Sein hier hat seine Aufgabe erfüllt, ich habe alles getan, was in meinem Seelenplan vorhanden war und ich habe das vollbracht, was ich habe vollbringen wollen. Hier gibt es nun nichts mehr für mich zu tun, außer allen den Teil mitzugeben, den ich hiermit anzubieten habe. Hiermit gebe ich allen, die es haben wollen, mein ganzes Wissen in die Hände, das in meinem Innersten vorhanden ist. Hier ist alles, was ich weiß und was ich wissen sollte, um es allen anzubieten, die bereit sind, sich dafür zu öffnen. Hier kann ich nur mehr das Eine tun, ich kann es hinterlassen und dafür sorgen, dass die Energie, die sich darin verbirgt, all jene anzieht, die sich dazu berufen fühlen. Hier biete ich Ihnen an, was ich zu sagen habe, denn es liegt nun in Ihrer Hand, was Sie daraus machen. Hier ist das Ergebnis meines Seins und das Ergebnis ist für all jene, die es anwenden, eine große Erleichterung im Leben.

Mein Leben geht nun in die nächste Phase, denn jetzt ist es für mich an der Zeit, all das hinter mir zu lassen, denn ich möchte ein neues Leben führen, das mit diesem hier nichts mehr gemein hat. Ich eröffne nun ein neues Kapitel. Mit Fertigstellung dieses Werkes beginnt das neue Leben eines Wesens, das sich nicht mehr Mensch nennt, sondern eines Wesens, das in sich die Klarheit trägt, ein Schöpfergott zu sein. Ich bin, so wie Sie auch, ein Schöpfergott und als solcher werde ich mein zukünftiges Leben präsentieren. Ich werde nur mehr das tun, was ich will und alles andere wird nicht mehr Teil meines Seins sein.

An dieser Stelle ist das Leben eines Menschen zu Ende und es beginnt das eines Schöpfergottes. Ich bin dieser Gott, von dem alle sprechen und Sie sind es ebenso und Sie halten dieselben Möglichkeiten in Händen, wie ich sie habe. Wir beide sind gleich und wir beide sind Gott. Mein Sein und auch das Ihre haben im Wesentlichen die gleiche Aufgabe – das Erkennen dessen, wer wir beide sind. Sie halten nun die Möglichkeit in Händen, dies nicht nur für sich zu erreichen, sondern allen anderen Menschen dabei behilflich sein zu können. Wir beide sind nun in der Lage der Menschheit vor Augen zu führen, wie man als Schöpfergott in dieser Ebene lebt und wir beide haben die Möglichkeit über diese Ebene hinauszuwachsen und eine neue Welt zu begründen.

Mein Leben endet hier auf diese Art und Weise, denn ein Schöpfergott hat sein Leben als Mensch hinter sich gelassen und ein Schöpfergott hat nun ein völlig neues Leben vor sich. Gestalten Sie es mit mir gemeinsam, lassen Sie uns gemeinsam eine Welt erschaffen, die es wert ist, weitergeführt und weiterentwickelt zu werden, denn das Leben verdient die Liebe und hier ist die Liebe nicht mehr vorhanden. Hier ist Gott in sich zwar verkörpert, doch die Liebe ist nicht vorhanden und unsere Aufgabe ist, diese Liebe in diese Welt zurückzubringen und daraus Menschen zu formen, die mit uns gemeinsam Schöpfung betreiben. Ich wünsche mir von Herzen, dass Sie diesen Appell verstehen und aufnehmen und in sich die Ruhe finden, genau das umzusetzen, was jetzt wichtig und richtig ist.

Sie haben alles in der Hand, was Sie brauchen, um diese Ebene hinter sich zu lassen. Nutzen Sie all das und geben Sie es an alle weiter, die Ihnen am Herzen liegen. Mein Leben ist Ihr Leben, wir sind EINS und das ist das Kernelement unseres gemeinsamen Seins. Wir beide sind Schöpfer und wenn wir gemeinsam agieren, dann ist Gott überall. Mein Leben ist Ihr Leben und ich will Sie sein und ich biete Ihnen an, mein Leben zu sein. Ich bin Sie und ich möchte, dass Sie mich in sich aufnehmen und mich in Ihnen wohnen lassen, denn mein Sein und das Ihre sind EINS.

In Einheit für immer verbunden

Christoph Fasching

Zusätzliche Informationen über meine Arbeit finden Sie auf meiner Internetseite:

www.botschafterdeslichts.com

Als Grundlage zu diesem Buch empfehle ich Ihnen:

„Programmcode: Lebenslust & Liebe“

ISBN-978-3-200-03193-7

3563865R00129

Printed in Germany
by Amazon Distribution
GmbH, Leipzig